AF570639

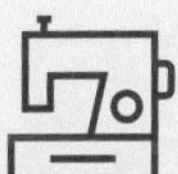

Frau Fadenschein

»Fantastisch praktisch« Ordnungshelfer nähen

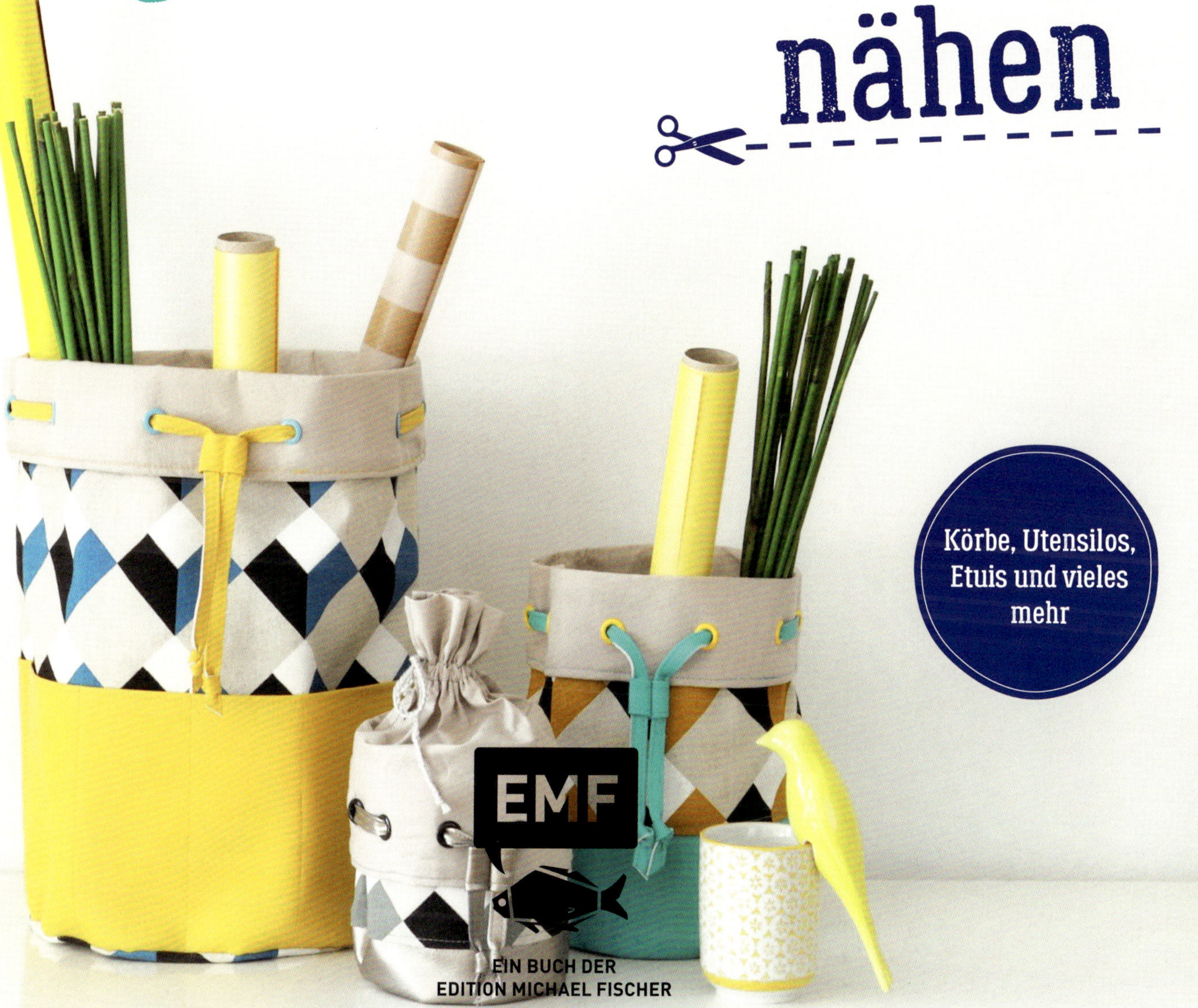

Körbe, Utensilos, Etuis und vieles mehr

EMF
EIN BUCH DER
EDITION MICHAEL FISCHER

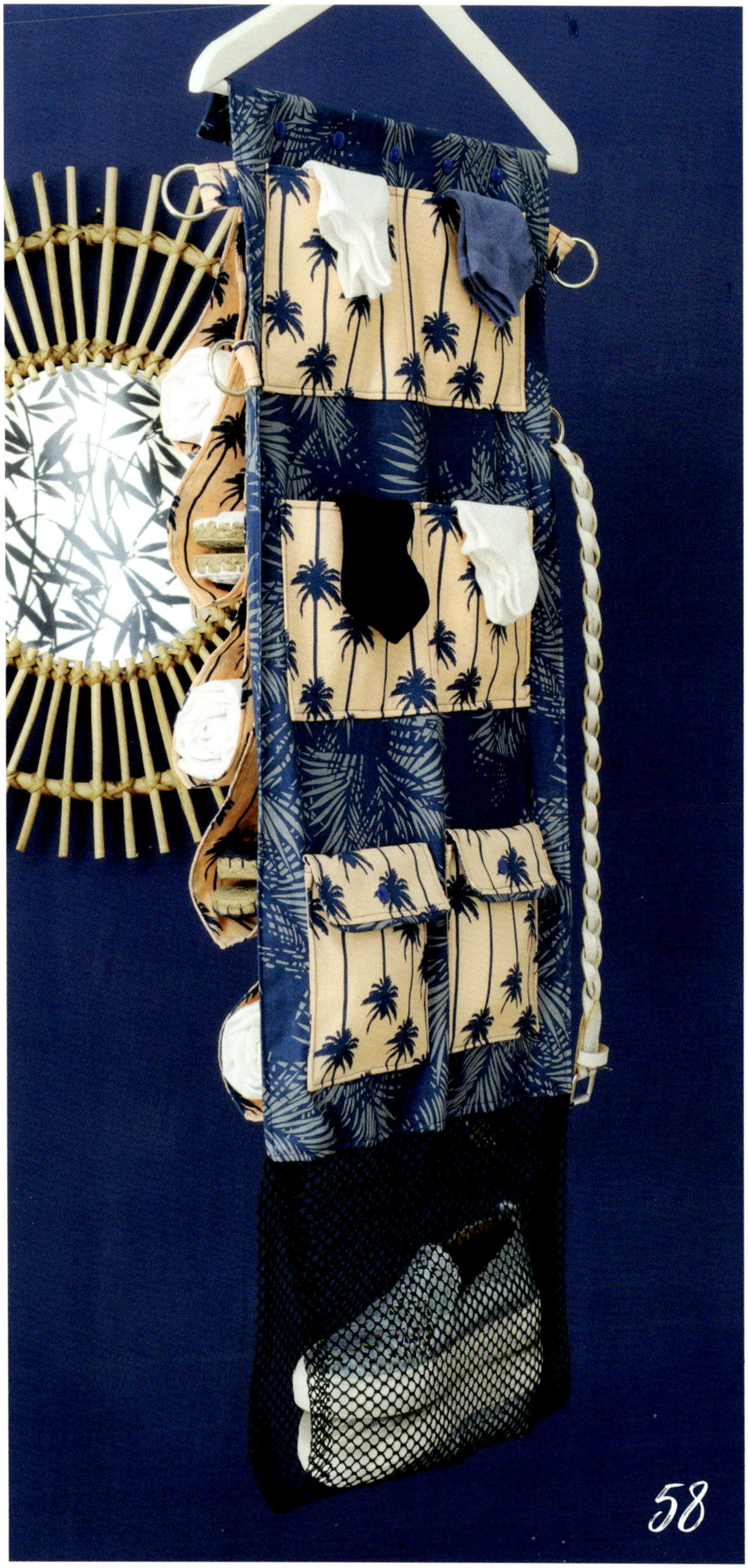

58

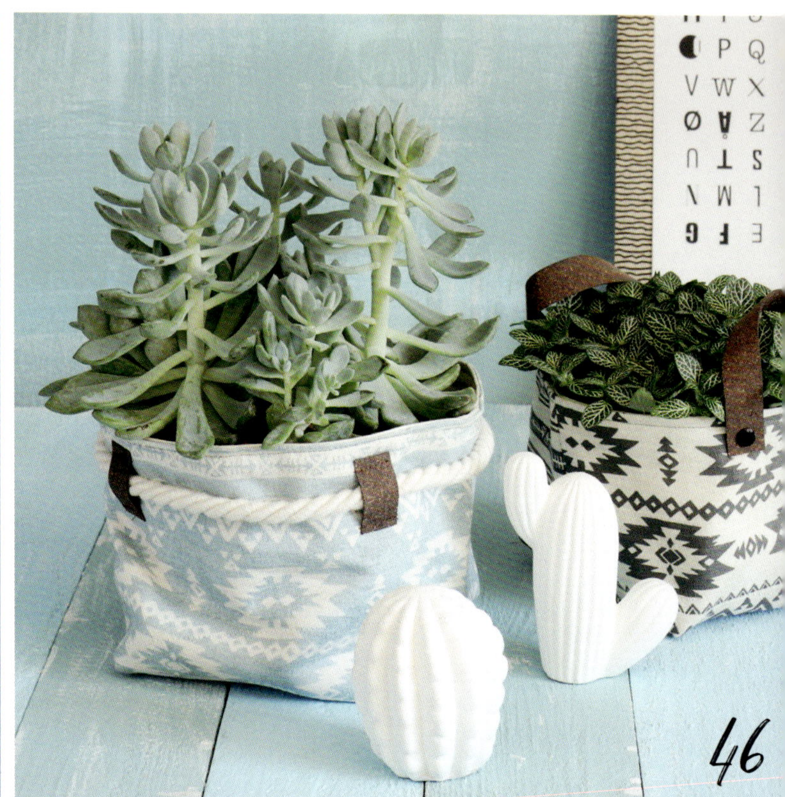

46

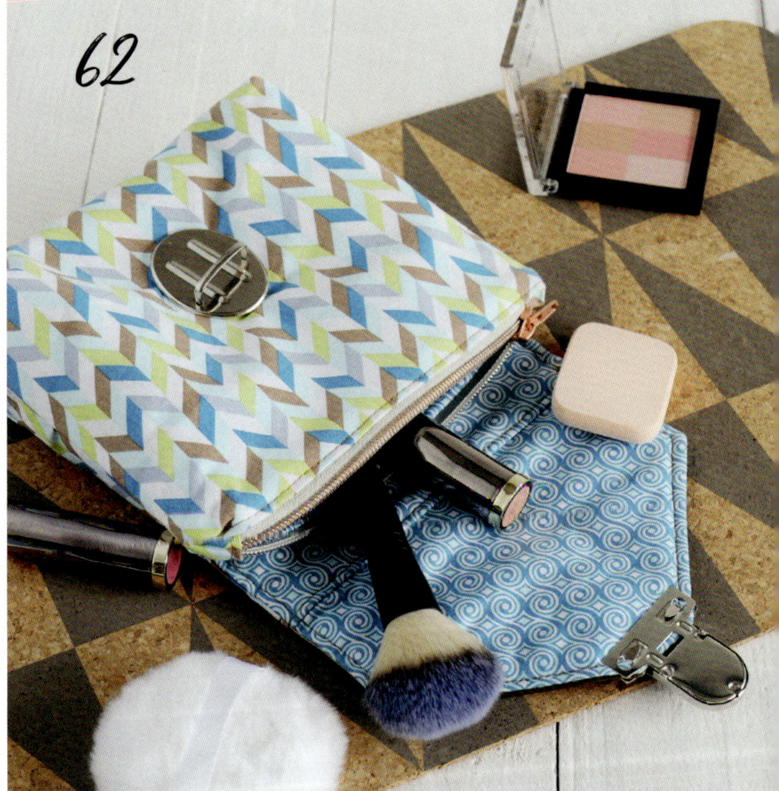

62

INHALT

GRUNDLAGEN 7

PROJEKTE 35

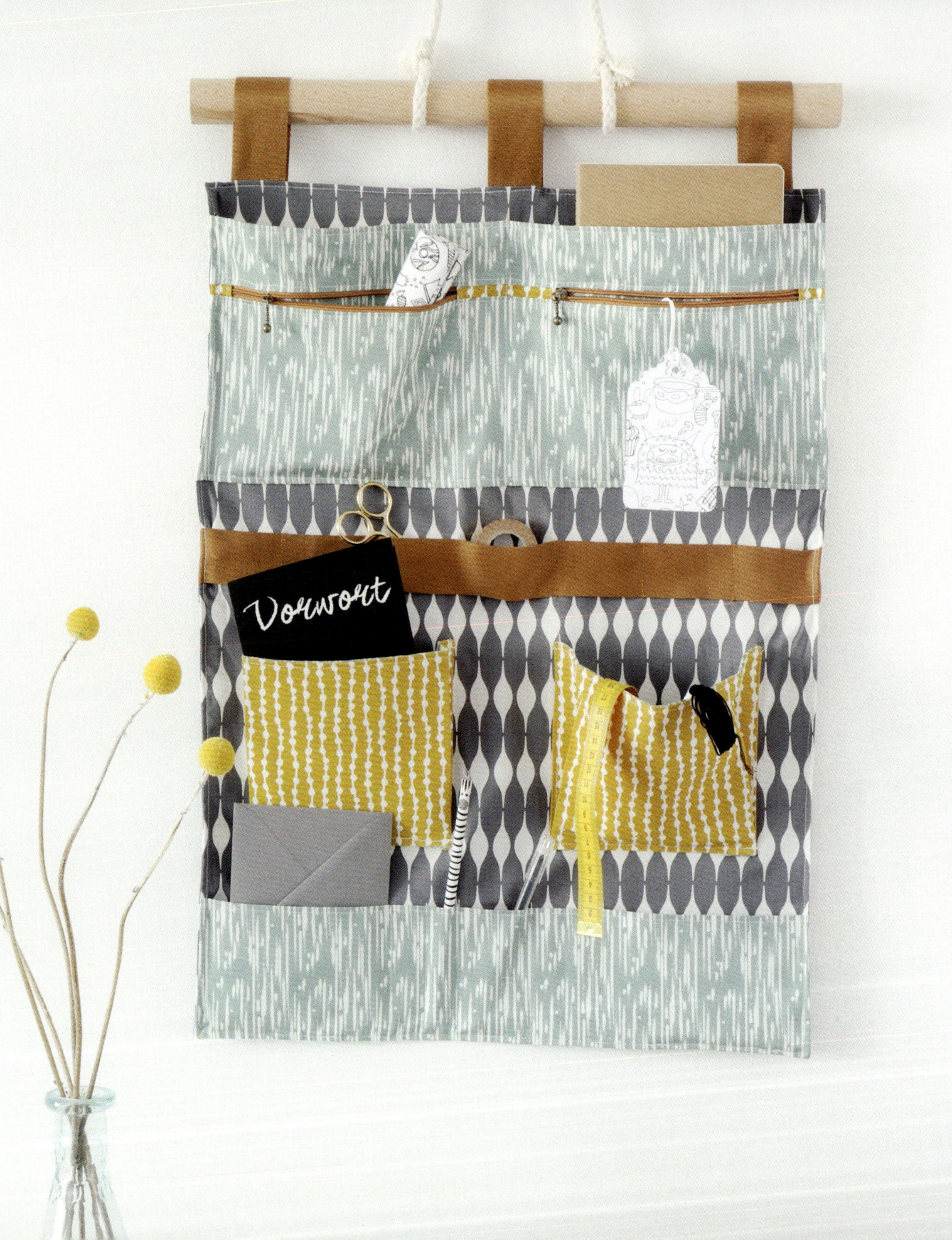
Vorwort

VORWORT

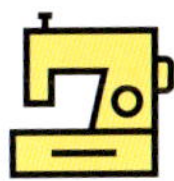

Liebe Nähbegeisterte,

wie heißt es so schön? Ordnung ist das halbe Leben. Damit Ordnung aber auch hübsch anzusehen ist, gibt es in meinem neuen Buch praktische Alltagshelfer für Kleiderschrank, Bad, Küche und Hobby zum Nachnähen. Ob Aufbewahrungskörbe, praktische Utensilos, Blumenübertöpfe aus Stoff oder ein cooler Wäschesack fürs Kinderzimmer – diese kreativen Helfer aus dem Buch gibt es so im Handel nicht zu kaufen.

Besonders gerne arbeite ich mit verschiedenen Material- und Stoffkombinationen, wobei bei den Aufräumlösungen im Buch verschiedene Stoffe, SnapPap, Kunstleder, ReLeda & Co. zum Einsatz kommen.

Nun wünsche ich viel Spaß beim Nähen deiner neuen Ordnungshelfer!

Eure Claudia alias Frau Fadenschein

Claudia Günther

frau fadenschein

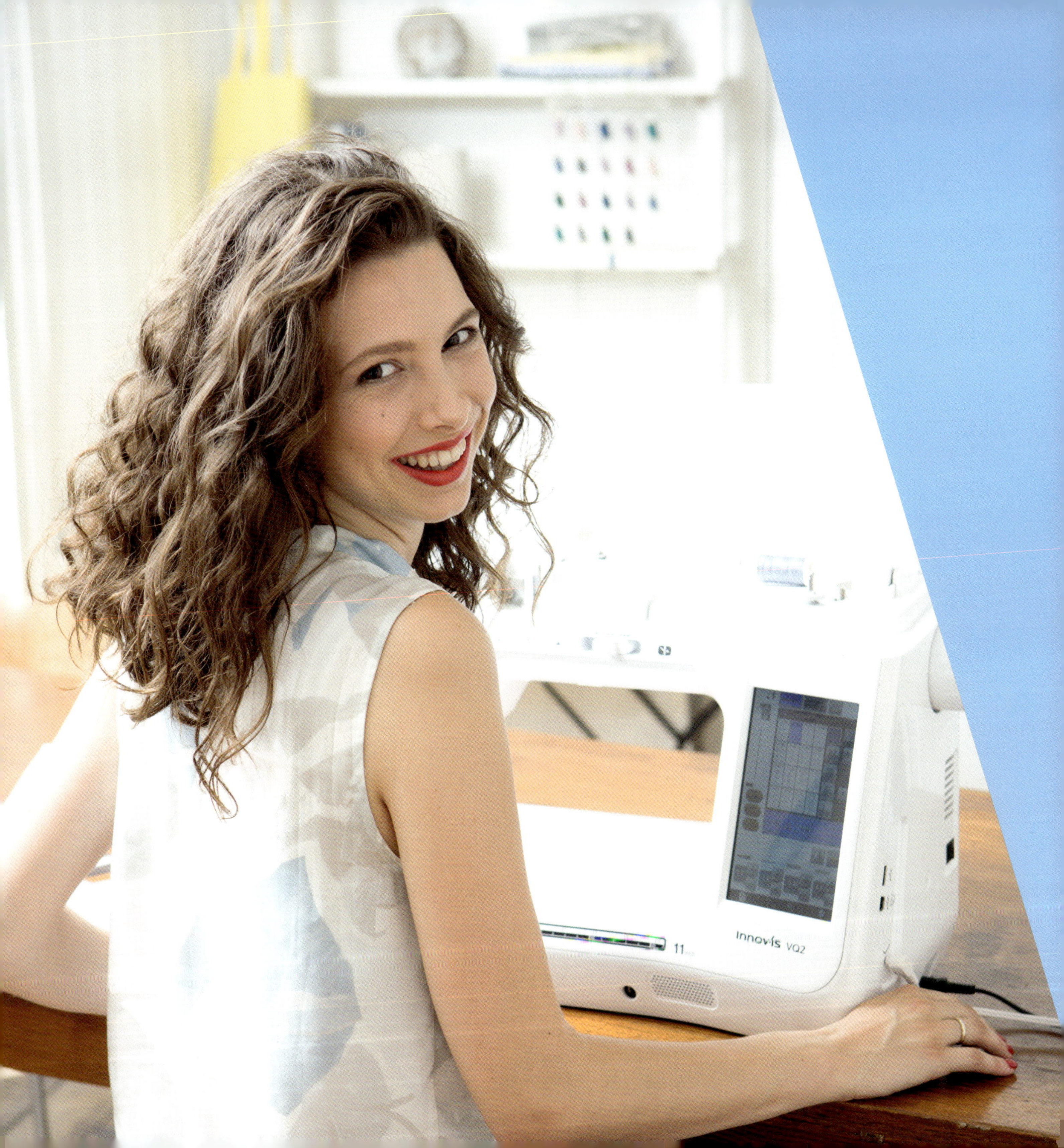
Innov-is VQ2

GRUNDLAGEN

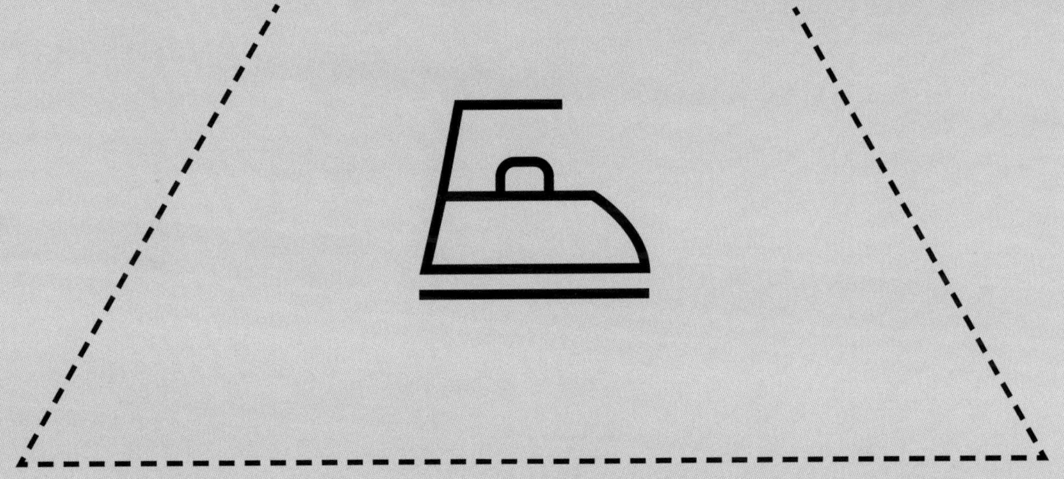

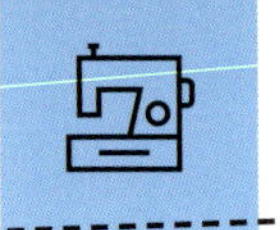

TEXTILIEN

Bei Weitem nicht nur Baumwollwebstoff, sondern noch vieles, vieles mehr bietet sich zum Nähen praktischer Ordnungshelfer an. Und da darf es mit Canvas und Kunstleder auch mal robuster sein. Beschichtungen machen Stoffe wasserfest.

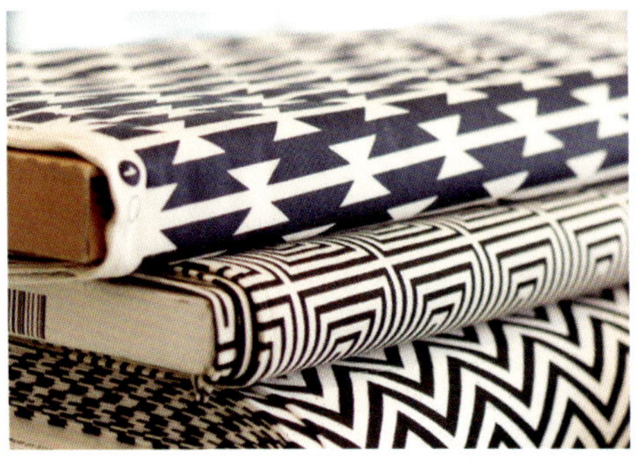

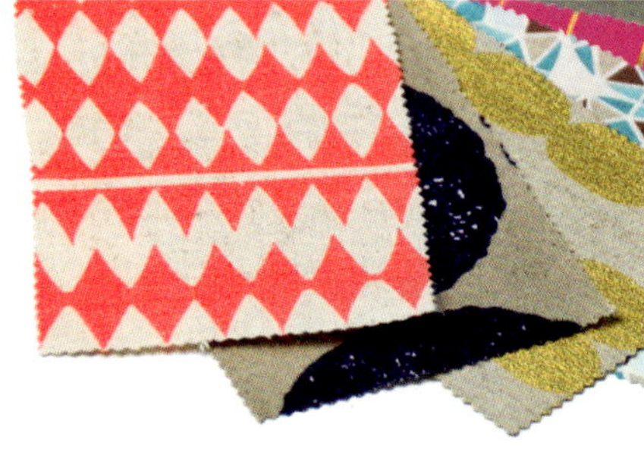

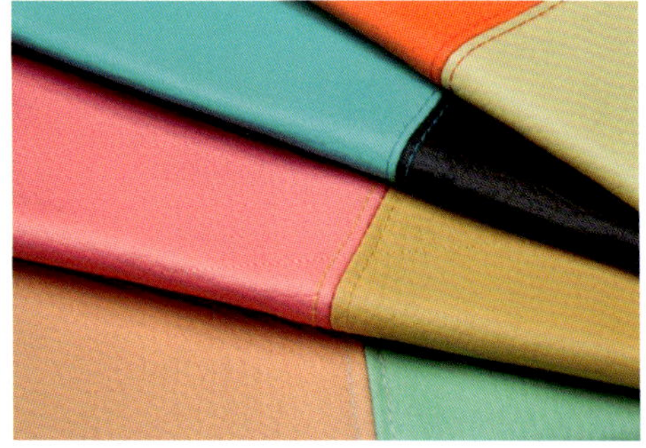

BAUMWOLLSTOFFE

Gewebte Baumwollstoffe gibt es in Hülle und Fülle – sei es ganz schlicht als einfarbige Stoffe oder bunt gemusterte Patchworkstoffe. Oft werden von Stoffdesignern zusammenpassende Stoffe als eine Serie angeboten, die zum Kombinieren einlädt. Diese Stoffe eignen sich sowohl als Außen- als auch als Futterstoffe der Taschen. Deiner Fantasie sind hier keine Grenzen gesetzt. Damit deine Tasche später einen guten Stand hat, sollten diese Stoffe mit Vlieseinlage verstärkt werden. Welche Einlage du am besten verwendest, entnimmst du der Materialliste des entsprechenden Taschenprojekts.

CANVAS

Canvasstoffe sind fester gewebt als normale Baumwollstoffe und damit sehr robust. Sie eignen sich also perfekt für Taschen, die täglich im Einsatz sind oder stark beansprucht werden. Da sie auch dicker sind, haben sie von Natur aus einen guten Stand und müssen oftmals nicht extra mit Vlieseinlage verstärkt werden.

KUNSTLEDER

Lederimitate besitzen als Grundlage ein Gewebe, welches mit Kunststoffen beschichtet wird und durch eine Prägung ihr typisches, lederähnliches Aussehen erhalten. Kunstleder gibt es in verschiedenen Stärken, welche sich auf die Eigenschaften des Materials auswirken. Dünne Kunstleder sind oft weich und geschmeidig, dickere hingegen robust und starr. Für Taschen eignen sich eher weichere, unelastische Lederimitate. Genäht wird Kunstleder mit einer 80er- oder 90er-Stretch-Nadel, damit das Gewebe nicht zerschnitten wird. Damit dein Nähfüßchen besser über das Kunstleder gleitet, kannst du die Unterseite mit Masking Tape bekleben oder einen Teflon-Nähfuß verwenden. Da Lederimitate aus Kunststoffen bestehen, sind sie nicht hitzebeständig und sollten daher auf keinen Fall gebügelt werden.

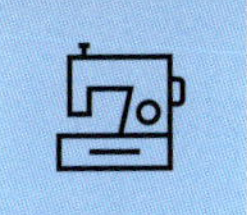

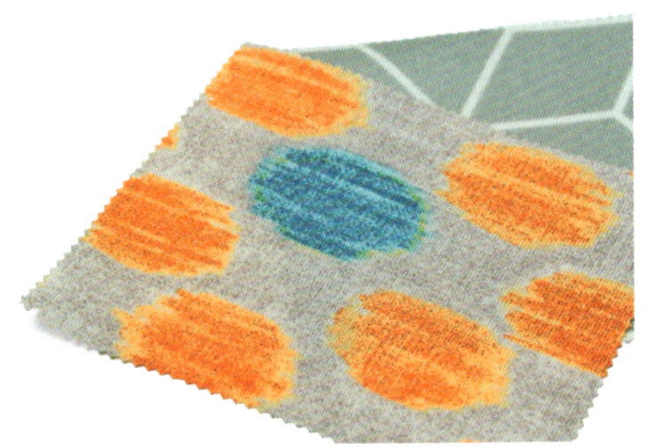

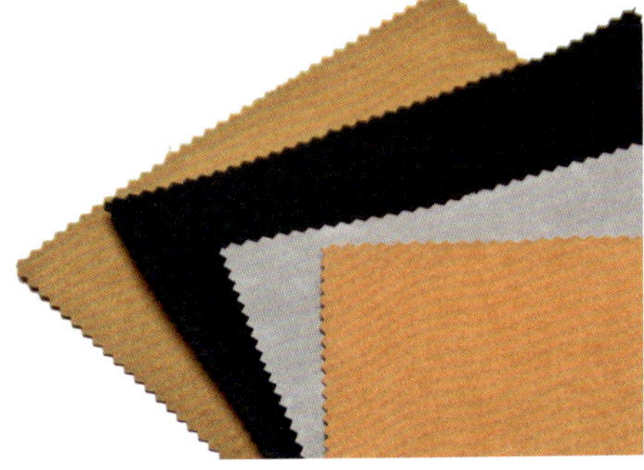

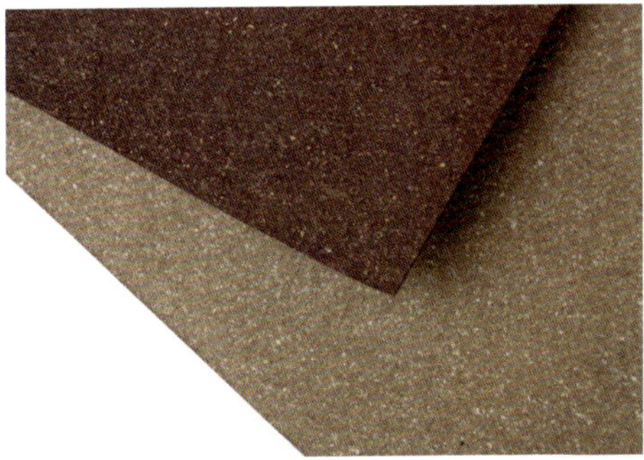

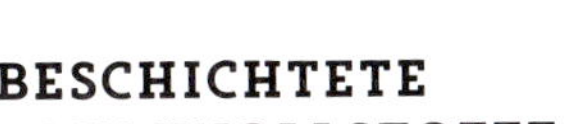

BESCHICHTETE BAUMWOLLSTOFFE

Bei diesen Stoffen wird die gemusterte Oberseite mit einer Vinylschicht überzogen und so wasserfest gemacht. Diese laminierten Stoffe sind oft weicher und flexibler als herkömmliches Wachstuch und so für den Einsatz bei Taschen besser geeignet. Auch hier solltest du dein Nähfüßchen mit Masking Tape versehen oder ein Teflonfüßchen verwenden.

SNAPPAP/SNAPPAP PLUS

Hierbei handelt es sich um ein Papier in Lederoptik, das aus einer Papier-Kunststoff-Mischung besteht. Es ist vegan, lebensmittelecht und weder umwelt- noch gesundheitsschädlich. SnapPap kann gewaschen, genäht, geschnitten, geplottet, gefärbt, bekleben oder bestempelt werden. Deiner Fantasie sind keine Grenzen gesetzt! Durch Zerknautschen und/oder Waschen entsteht die Lederoptik des Materials. Bei SnapPap plus wurde das Zerknautschen schon maschinell herbeigeführt. Es ist daher weicher als das herkömmliche SnapPap und hat schon von vornherein eine lederähnliche Oberfläche.

RELEDA

ReLeda besteht aus Lederresten aus der Möbel- und Schuh-Industrie sowie Latex. Die Reste werden geschreddert und neu verpresst. Dadurch erhält das Material die typische Sprenkeloptik. Es ist besonders formstabil und auch mehrlagig leicht zu vernähen.

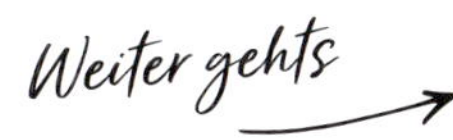

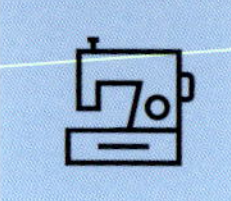

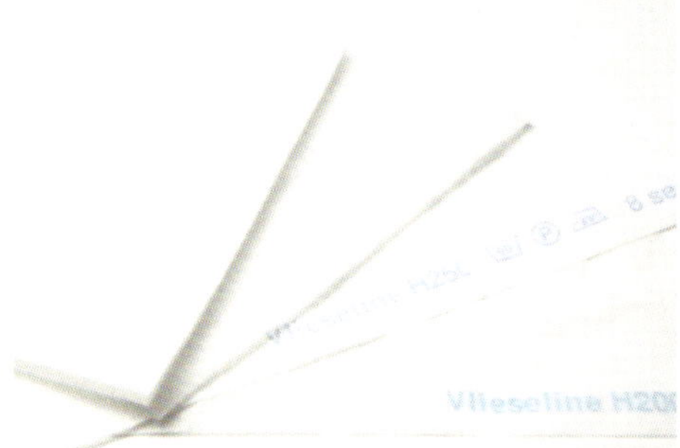

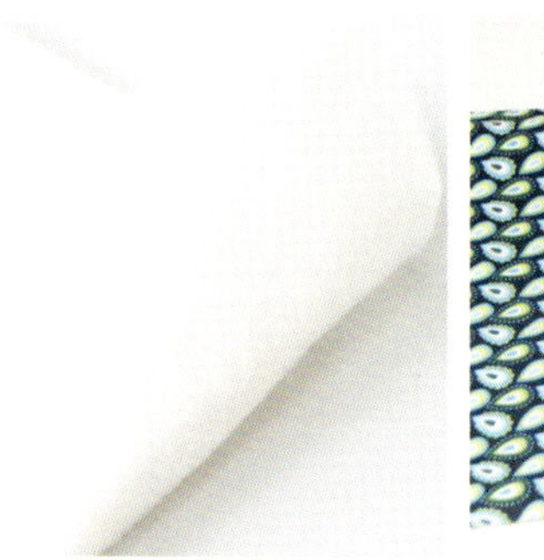

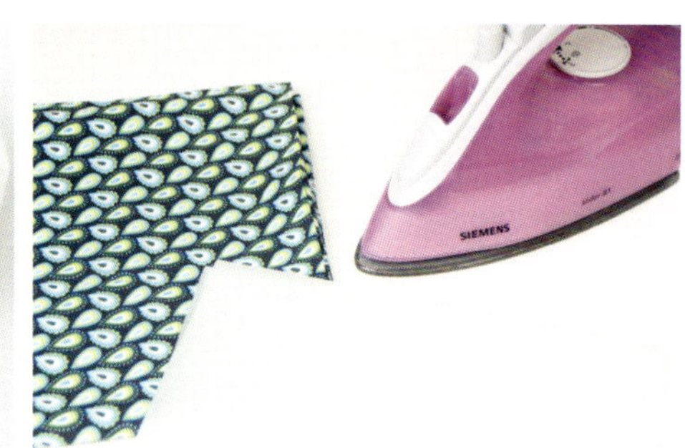

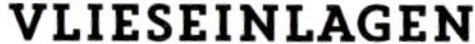

VLIESEINLAGEN

Damit Utensilos und Taschen später einen guten Stand haben und stabil sind, müssen die Stoffe vor dem Nähen oft mit einer Vlieseinlage verstärkt werden. Die Wahl der Vlieseinlage hängt meist von der Materialdicke, dem Verwendungszweck und dem eigenen Empfinden ab. Bei den Taschenprojekten im Buch werden die gängigsten Vlieseinlagen verwendet.

Diese Vlieseinlagen besitzen eine Rückseite mit Kleber und werden auf die linke Stoffseite aufgebügelt. Die Anweisungen zum Bügeln sind auf die Seitenkante des Vlieses aufgedruckt.

Vlieseline H200: Leichte Vlieseinlage zum Verstärken der Stoffe.

Vlieseline H250: Stärkere Vlieseinlage für größere Stabilität.

Vlieseline H630: Volumenvlies, das der Tasche einen guten Griff verleiht.

Decovil I Light: Bügeleinlage mit lederartigem Griff. Fixierte Stoffe erhalten damit einen guten Griff und sind gut belastbar.

Diese Vlieseinlagen werden häufig bei Taschen eingesetzt und können daher auch sehr gut auf Vorrat gekauft werden.

Lamifix: Mit dem Bügeleisen fixierbare, transparente und abwischbare Bügelfolie. Mit ihr lassen sich alle Baumwollstoffe laminieren.

Vliesofix: Klebeweb auf Trägerpapier. Durch Aufbügeln können verschiedene Stoffe miteinander verbunden werden. Besonders gut geeignet für Applikationen.

ByAnnies Soft & Stable/Freudenberg Style-Vil: Diese Einlage besteht aus einem dünnen Schaumstoff, der von beiden Seiten mit einer Vliesschicht bezogen ist.

Die Einlage wird etwa 1 cm umlaufend größer als die Schnittteile zugeschnitten und dann knappkantig aufgenäht. Mit dieser Einlage bekommen Taschen einen sehr festen Stand und sind außerdem gut gepolstert.

ACHTUNG

Passiert selbst Profis noch: das Vlies nie von der falschen – beschichteten – Seite her bügeln, sonst klebt es am Bügeleisen.

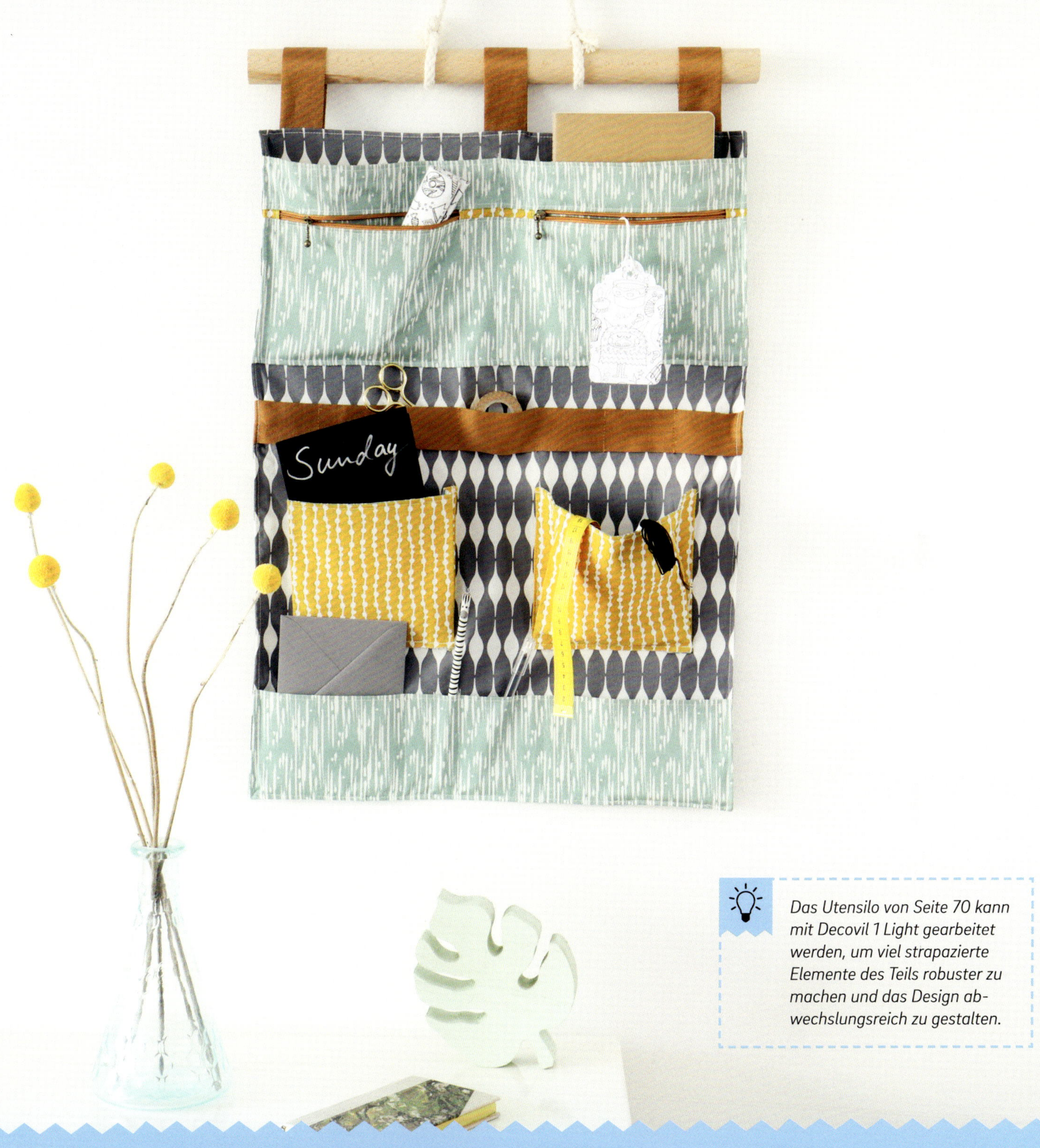

Das Utensilo von Seite 70 kann mit Decovil 1 Light gearbeitet werden, um viel strapazierte Elemente des Teils robuster zu machen und das Design abwechslungsreich zu gestalten.

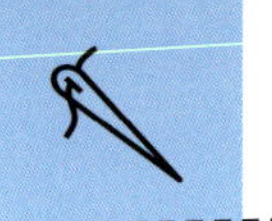

WERKZEUGE

Eine alte Nähweisheit lautet: „Gut gebügelt ist halb genäht". Daher ist das Bügeleisen neben der Nähmaschine eines der wichtigsten Werkzeuge beim Nähen. Doch viele weitere kleine und große Helfer machen das Zuschneiden und Nähen einfacher!

LEGENDE

- **1.** Reißverschlussfüßchen
- **2.** Universalfüßchen
- **3.** Nähmaschinennadeln (Universal, Stretch)
- **4.** Rollschneider
- **5.** Schneidematte für Rollschneider
- **6.** Patchworklineal zum Schneiden mit Rollschneider
- **7.** Doppelseitiges Klebeband (Wonder Tape)
- **8.** Papier zum Übertragen des Schnittmusters (Backpapier, Transparentpapier auf Rolle, Seidenpapier)
- **9.** Handarbeitsschere
- **10.** Fadentrenner
- **11.** Fadenschere
- **12.** Stäbchen (als Wendehilfe, zum Ausformen von Ecken und Rundungen)
- **13.** Stoffschere
- **14.** Maßband
- **15.** Handmaß
- **16.** Mini-Bügeleisen
- **17.** Dampfbügeleisen
- **18.** Kam-Snap-Zange
- **19.** Vario-Zange
- **20.** Schnittmusterbeschwerer (zum Fixieren des Schnittteils auf dem Stoff)
- **21.** Stecknadeln
- **22.** Clips
- **23.** Wasserlöslicher Markierstift
- **24.** Kreiderad
- **25.** Kreidestifte
- **26.** Masking Tape

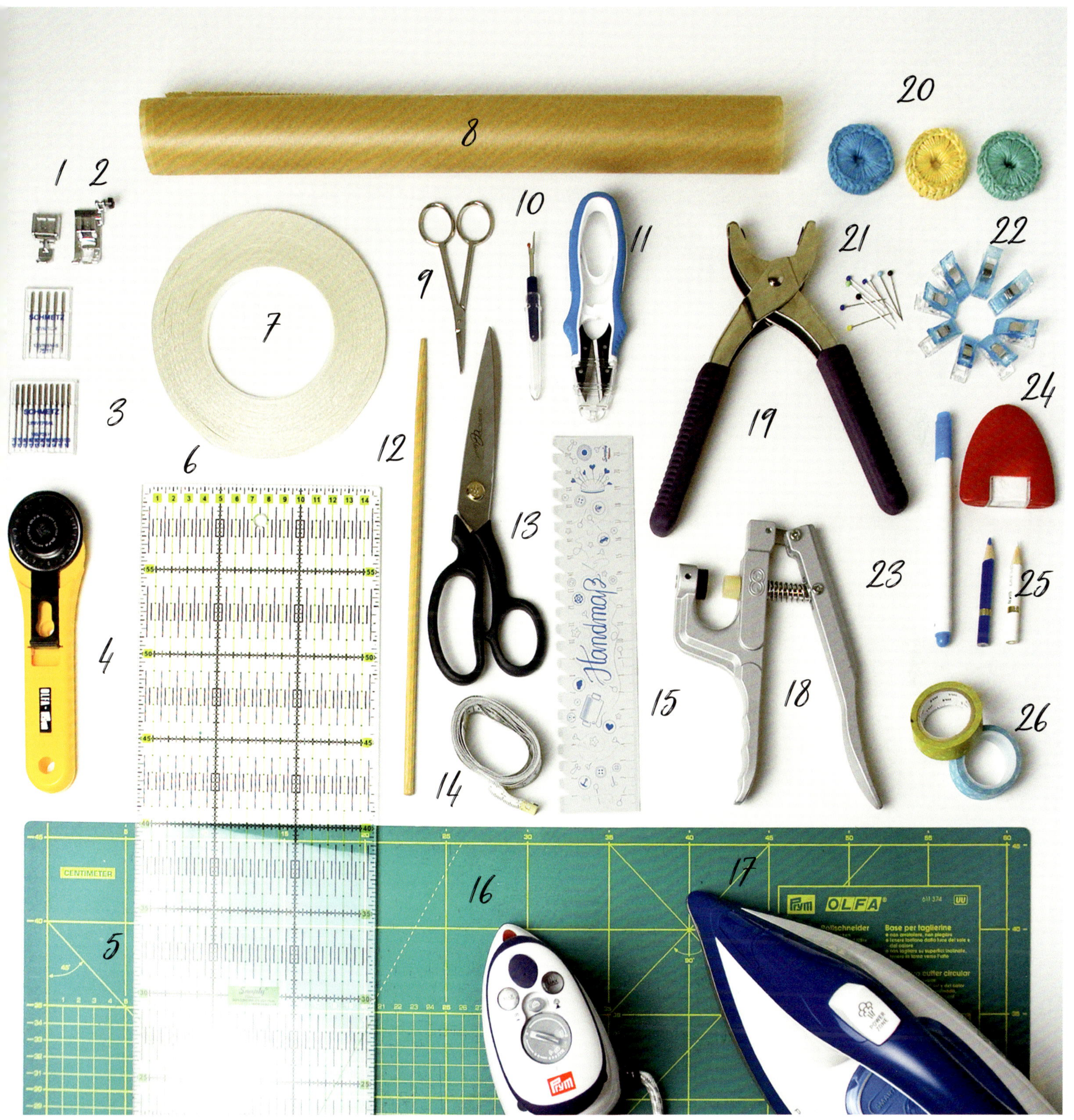

1
2
3
4
5
6
7
8
9
10
11
12
13
14
15
16
17
18
19
20
21
22
23
24
25
26
SCHMETZ
Handmaß
CENTIMETER
Prym
OLFA
Base per taglierine
Prym

KURZWAREN

Neben den klassischen Kurzwaren wie Garn, Bändern und Knöpfen können Taschen besonders mit verschiedenen Verschlüssen dekoriert werden.

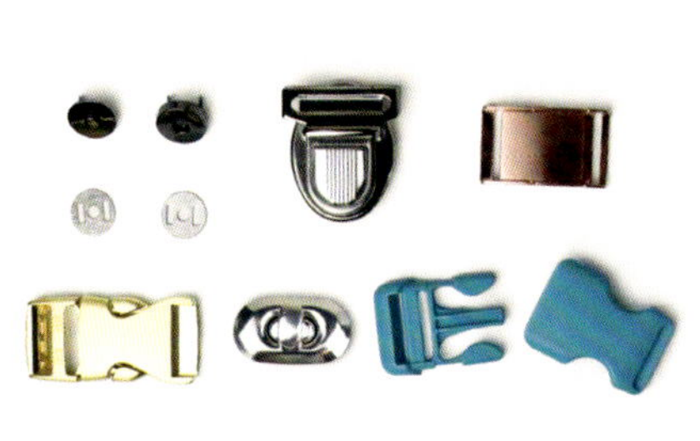

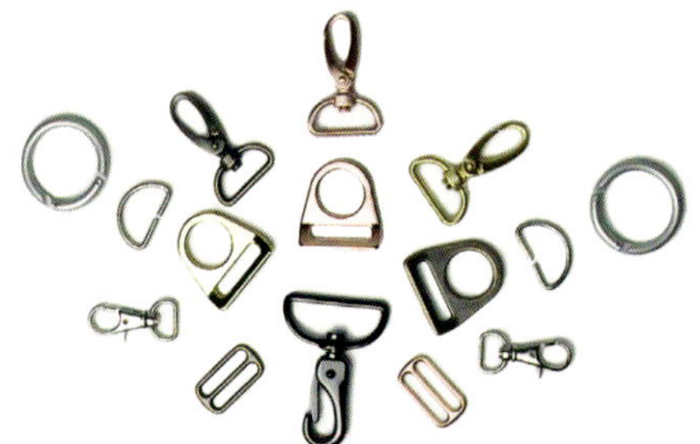

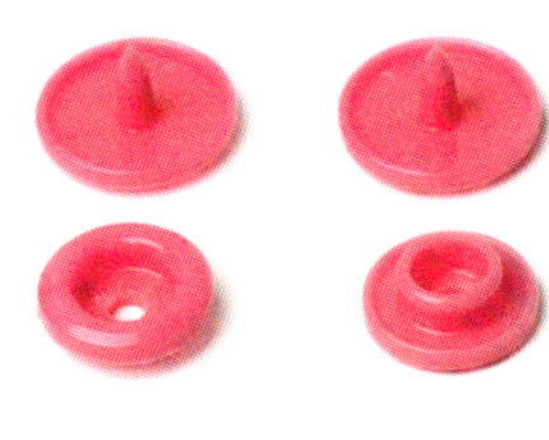

VERSCHLÜSSE

Um Taschen zu verschließen, gibt es vielfältige Möglichkeiten. Sehr gut geeignet und leicht anzubringen sind z. B. Magnet- und Drehverschlüsse sowie Steckschlösser und -schließen, die es in vielen verschiedenen Ausführungen gibt.

RINGE UND KARABINER

Um Trageriemen zu befestigen und in der Länge zu verstellen, gibt es verschiedene Arten von Karabinern, D-Ringen, Regulierern und Steckverschlüssen in vielen Farben und Metalllegierungen. Je nach Größe und Farbe dienen sie auch als Zierde.

KAM SNAPS

Hierbei handelt es sich um Plastikdruckknöpfe, die es in vielen verschiedenen Farben und auch Formen gibt. Mit ihnen kannst du Taschenklappen, Innentaschen und noch viel mehr versehen – und das immer in der passenden Farbe zum Stoff.

TIPP

Besonders gut machen sich farblich aufeinander abgestimmte Kurzwaren.

Über die Schulter oder zum In-der-Hand-tragen?

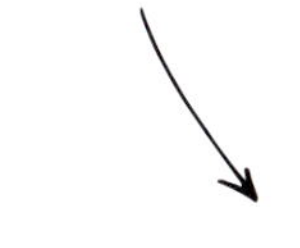

Metallic? Oder vielleicht doch lieber bunt?

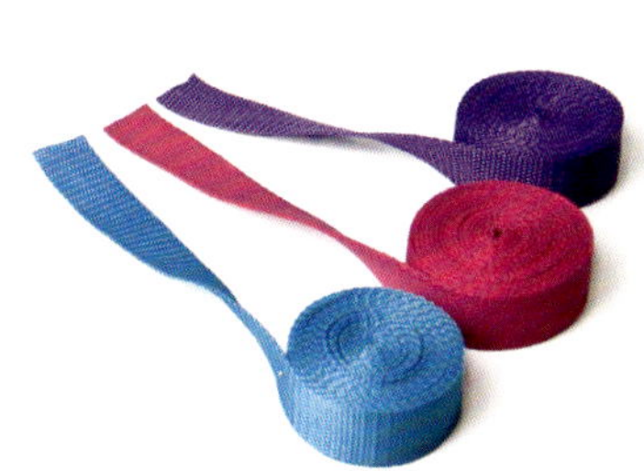

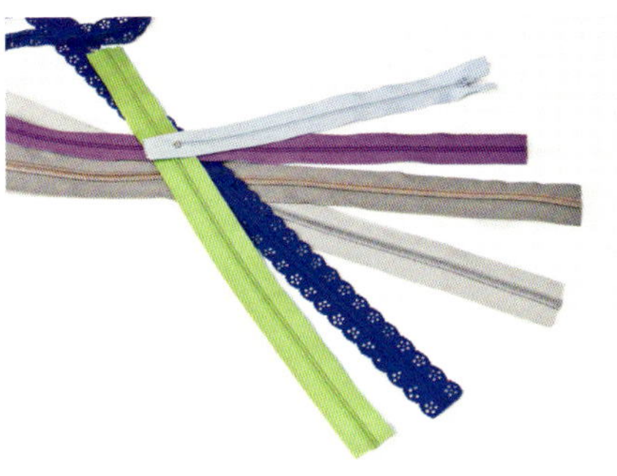

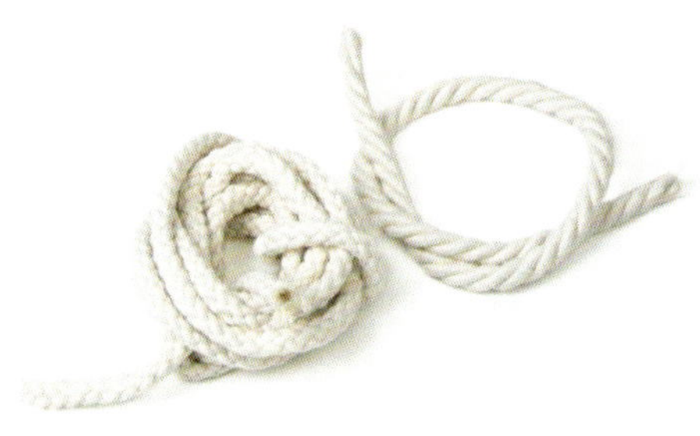

GURTBAND

Taschengriffe, Trageriemen, Schlaufen etc. lassen sich sehr gut aus Gurtband herstellen. Hier hast du die Wahl zwischen Gurtband aus Polyester und Baumwolle in verschiedenen Breiten. Während Baumwolle das natürlichere Material ist, hat Polyester den Vorteil, weniger zu wiegen und schneller zu trocknen. Die Enden von Polyester-Gurtbändern sollten vor der Weiterverarbeitung mit einem Feuerzeug versiegelt, die von Baumwollgurtband mit einem Zickzackstich versäubert werden, damit nichts ausfransen kann.

REISSVERSCHLÜSSE

Es gibt viele verschiedene Reißverschlussarten für Dekorations- und Aufbewahrungsobjekte in verschiedenen Breiten. So gibt es Reißverschlüsse in fertigen Längen oder Endlosreißverschlüsse. Diese sind besonders praktisch, da sie individuell auf das entsprechende Projekt zugeschnitten werden können. Außerdem kann man hier einen größeren Vorrat anlegen. Die Reißverschlüsse gibt es in verschiedenen Farben, metallisiert (in Kupfer, Silber oder Gold), oder besonders dekorativ als Spitzen-Reißverschluss.

KORDEL

Kordel gibt es in verschiedenen Dicken, Farben und Arten (geflochten oder gedreht). Sie eignen sich besonders gut als Dekoration oder auch als Henkel. Auch der Blick in den Seglerbedarf kann hier lohnen, oder du recycelst Kordel oder Tau, die du bereits zu Hause hast.

WEBBÄNDER

Mit Webbändern lassen sich Näharbeiten wunderbar verzieren. Sie sind in allen erdenklichen Farben und Mustern erhältlich, und sicher auch passend zu deinen Ideen.

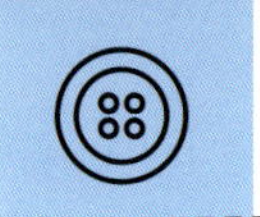

MAPPENSCHLOSS ANBRINGEN

Mappenschlösser sehen süß und sehr klassisch aus, und nicht nur an Taschen dienen sie als sicherer und schicker Verschluss. So bringst du sie an.

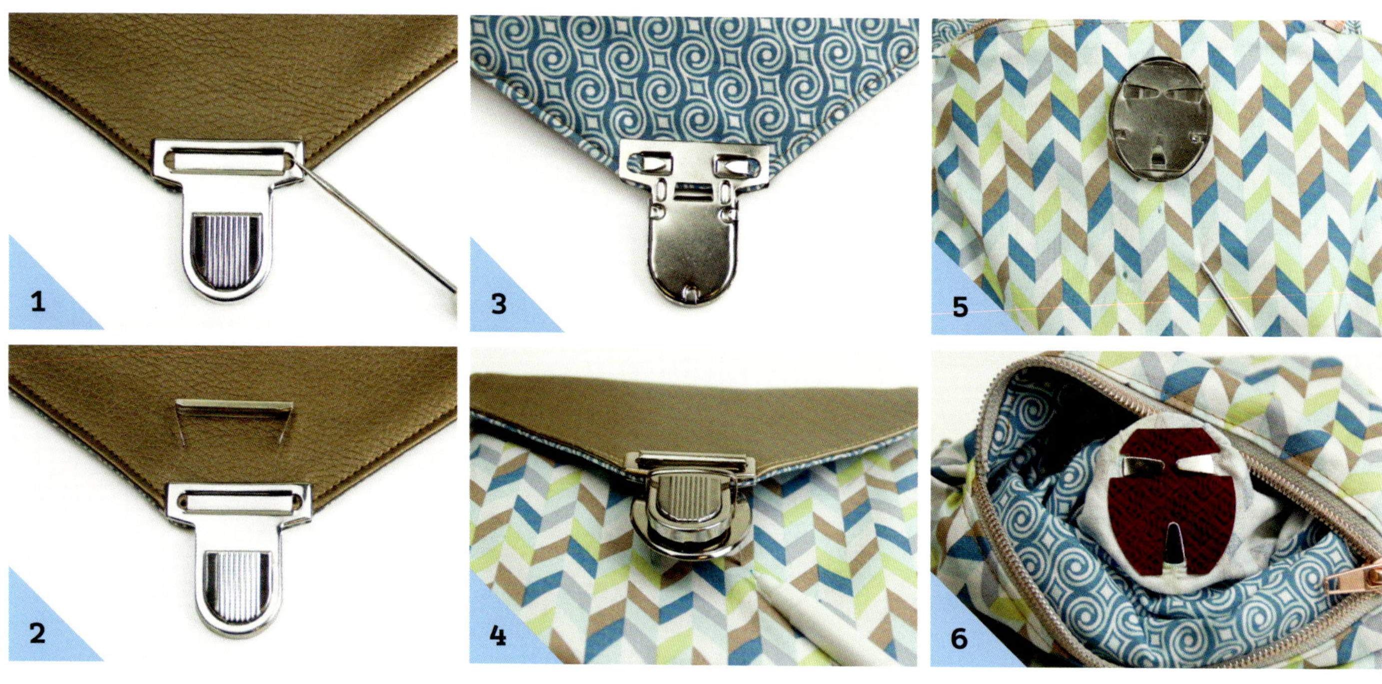

1. Stecke das Oberteil des Mappenschlosses auf die Taschenklappe, markiere dir die Löcher und steche mit einer Ale an diesen Stellen durch alle Stofflagen hindurch.

2. Stecke nun die Klammer von vorn nach hinten durch die beiden Löcher.

3. Drücke nun die Klammer auf der Rückseite nach innen zusammen.

4. Stecke das Unterteil des Steckschlosses auf das Oberteil und drücke die Stifte des Unterteils in den Stoff. Zeichne dir diese Markierungen noch einmal mit einem wasserlöslichen Stift an.

5. Durchsteche die Markierungen mit einer Ale. Achte darauf, dass du nur durch den Oberstoff stichst. Die linke Stoffseite sollte an dieser Position unbedingt mit einem Vlies verstärkt werden, damit das Schloss später nicht ausreißt.

6. Stecke die Stifte des Schlossunterteils durch die entsprechenden Löcher, schiebe das Metallplättchen über die Stifte und biege diese nach innen um.

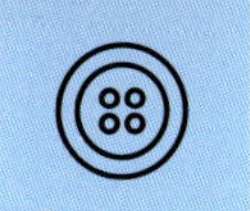

REIẞVERSCHLUSS-ENDSTÜCKE

Um Reißverschlüsse an Taschen besonders sauber einzunähen, ist es ratsam, mit Reißverschluss-Endstücken aus Stoff zu arbeiten.

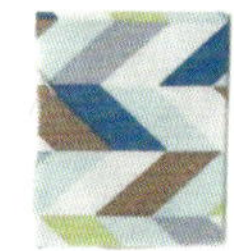

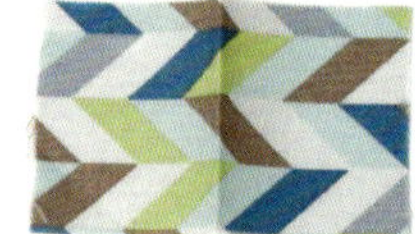

1

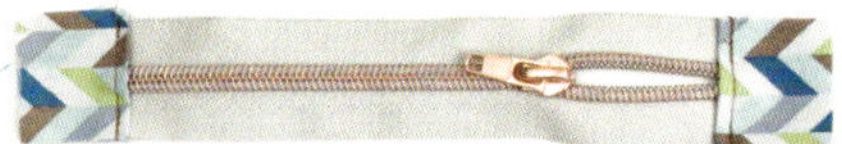

2

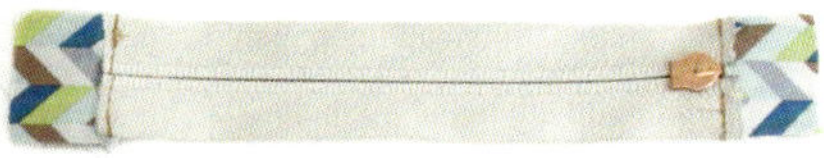

3

1. Schneide zwei Endstücke in der Breite des Reißverschlusses und 6 cm lang zu. Falte die Endstücke in der Mitte und bügle die Bruchkanten.

2. Lege die Endstücke rechts auf rechts bündig zu den Reißverschluss-Enden an. Die Bruchkanten zeigen nach innen, die offenen Kanten stoßen an die Enden des Reißverschlusses. Nähe nun jeweils eine Naht knappkantig entlang der Bruchkante.

3. Schneide nun auf der Rückseite den Reißverschluss auf ca. 5 cm nach der Naht zurück.

TIPP

Über die Reißverschluss-Endstücke lässt es sich leichter nähen und es entstehen keine unschönen Wulste an der Tasche.

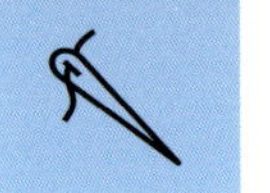

SCHLAUCHFACH NÄHEN

Jetzt wird verstürzt! Eine grundlegende Technik, die du immer wieder brauchst, und die dir hier anhand eines Schlauchfachs erklärt wird.

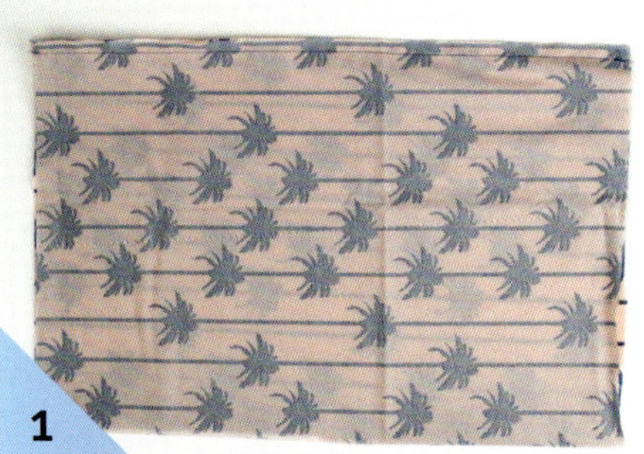

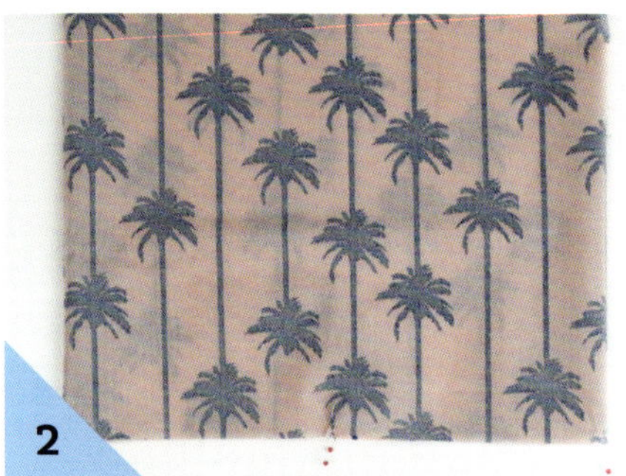

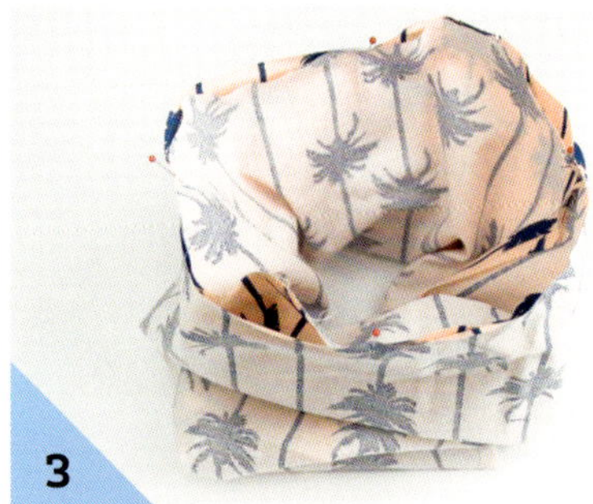

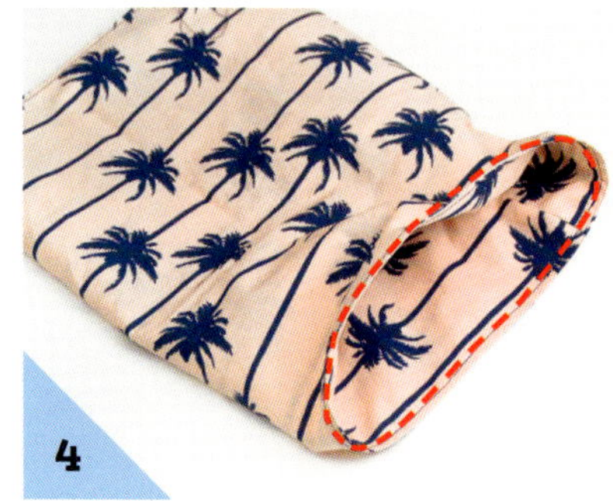

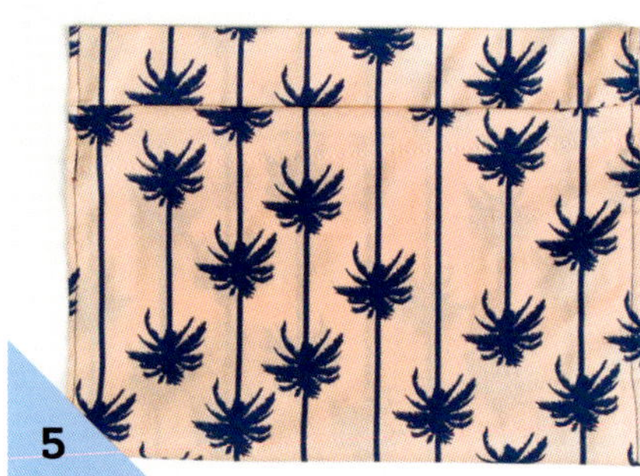

TIPP

Achte bei gemusterten Stoffen darauf, dass der Musterverlauf auf der späteren Vorderseite nicht Kopf steht! Diese sogenannten Kopfmuster wie z. B. Tiere, Landschaften und Blumen haben ein eindeutiges Oben und Unten.

1. Lege das Schnittteil für das Schlauchfach längs rechts auf rechts zusammen und schließe die Seitennaht.

2. Unterteile dir die entstandenen Schlauchöffnungen in Viertelschritten und markiere dir diese mit Nadeln.

3. Ziehe das eine Schlauchende durch das Innere des Schlauchs, sodass die beiden Kanten bündig zusammenliegen. Hier treffen die Seitennähte und die restlichen Markierungen aufeinander. Der Schlauch liegt rechts auf rechts zusammen. Kanten fixieren und bis auf eine ca. 10 cm große Wendeöffnung zusammennähen.

4. Wende den Schlauch durch die Öffnung, klappe die Nahtzugaben nach innen und schließe die Öffnung mit einer knappkantigen Naht. Achte darauf, dass du nur die Wendeöffnung schließt und nicht den Schlauch mit annähst. Lege ihn so zusammen, dass die anfangs genähte Seitennaht in der Schlauchöffnung im Stoffbruch liegt. Richte die zweite Kante ebenso aus und bügle beide. Steppe sie knappkantig ab.

5. Wende den Schlauch, sodass die zusammengenähte Wendeöffnung im Inneren liegt. Lege die Naht auf der Rückseite so, dass sie ca. 3 cm von der oberen Kante des Schlauchs entfernt liegt. Bügle die obere Kante.

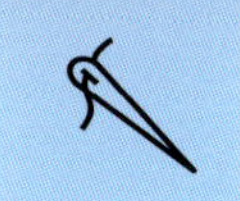

STECKFACH NÄHEN

Ein Steckfach zu nähen und anzubringen ist nicht schwer und stellt eine sehr praktische Technik dar, die für viele Nähprojekte nützlich ist.

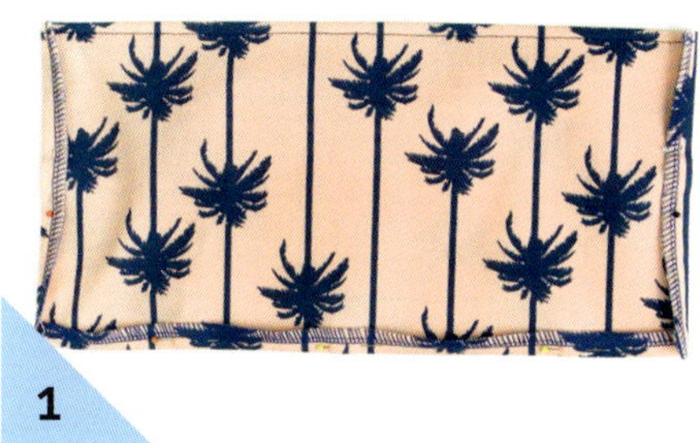

1

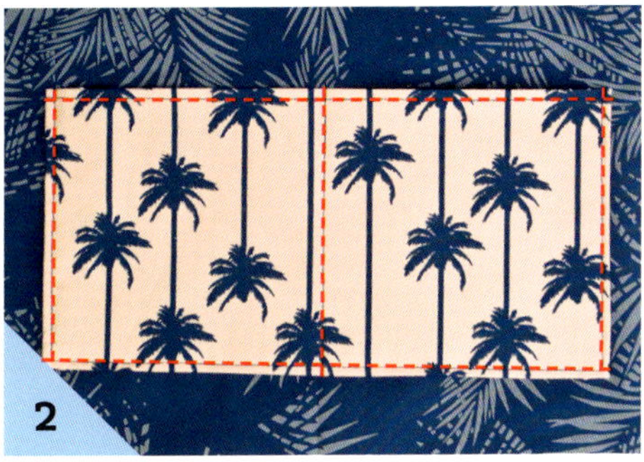

2

1. Das Steckfach wie folgt vorbereiten: links auf links zusammenlegen und die obere Kante knappkantig absteppen. Versäubere die Nahtzugaben der offenen Kanten und bügle sie 1 cm nach innen.

2. Stecke das Fach links auf rechts auf und nähe die seitlichen und unteren Kanten mit eingeklappter Nahtzugabe knappkantig fest. Nähe ggf. noch eine Unterteilung in der Mitte des Fachs.

TIPP

Achte bei gemusterten Stoffen darauf, dass der Musterverlauf auf der späteren Vorderseite nicht Kopf steht! Diese sogenannten Kopfmuster wie z.B. Tiere, Landschaften und Blumen haben ein eindeutiges Oben und Unten.

TIPP

Neben einer klassischen Zweierunterteilung kannst du auch schmale Stiftfächer nähen oder die Fächer an deine Accessoires individuell anpassen.

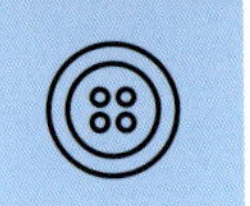

ENDLOS-REIßVERSCHLUSS

Wie man einen Endlos-Reißverschluss richtg für das Nähprojekt vorbereitet, erfährst du hier. So geht der Schieber nicht verloren.

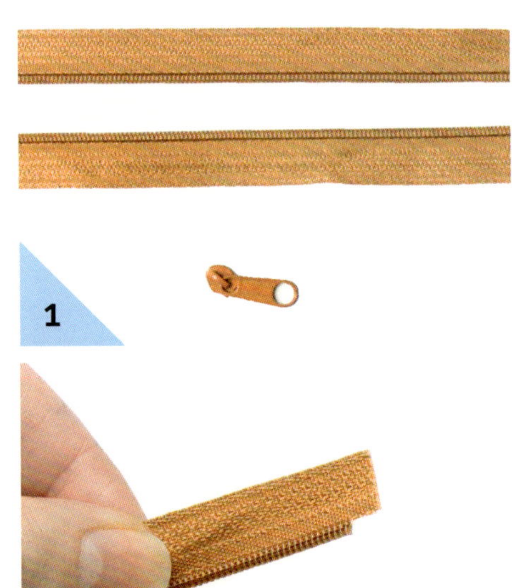

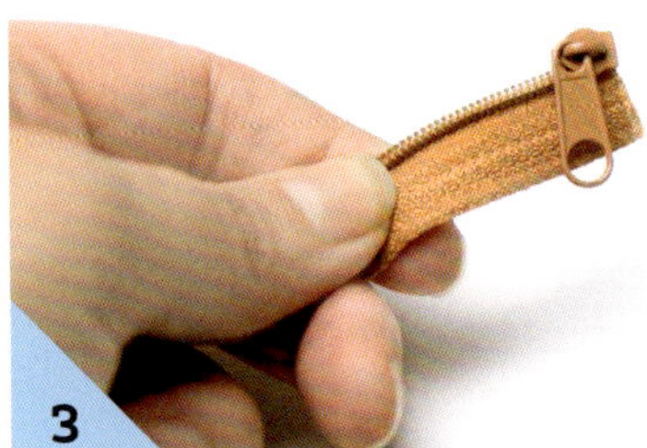

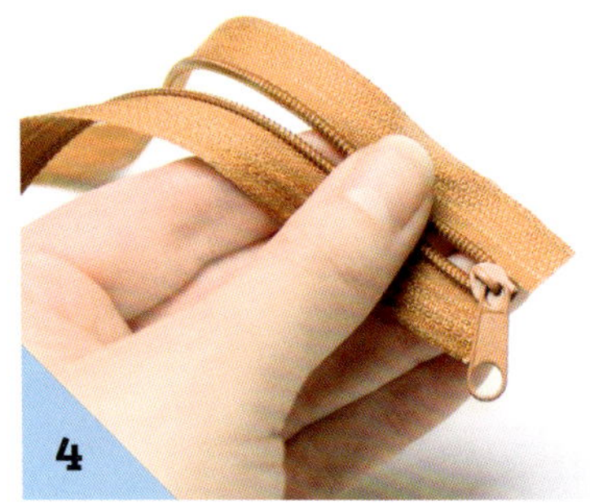

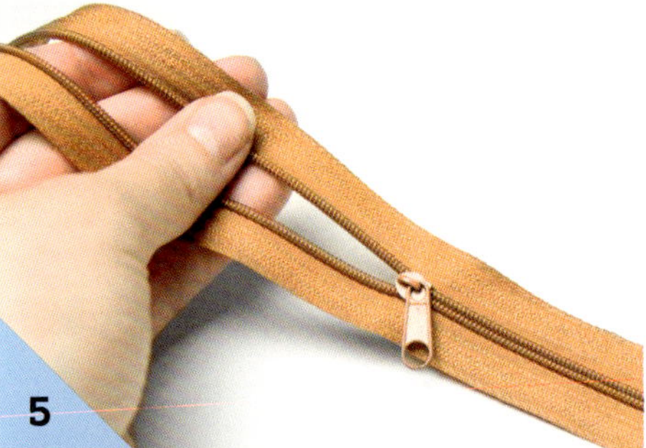

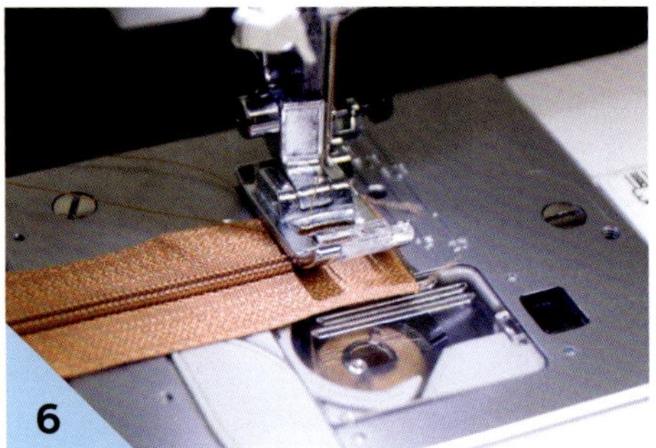

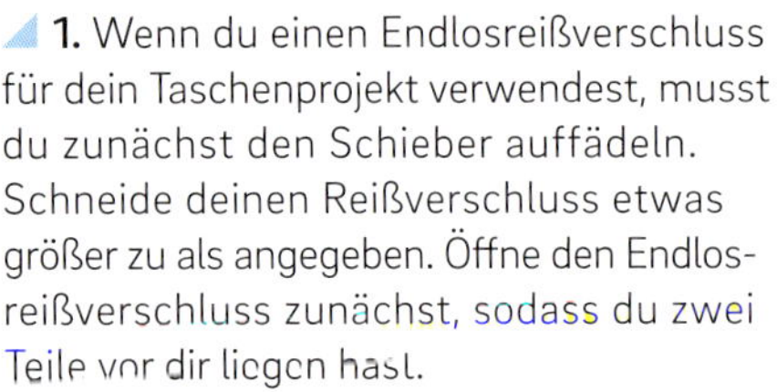

1. Wenn du einen Endlosreißverschluss für dein Taschenprojekt verwendest, musst du zunächst den Schieber auffädeln. Schneide deinen Reißverschluss etwas größer zu als angegeben. Öffne den Endlosreißverschluss zunächst, sodass du zwei Teile vor dir liegen hast.

2. Schneide vom rechten (auf dem Bild von Schritt 1 oberen) Teil ein paar Millimeter der Zähnchen heraus.

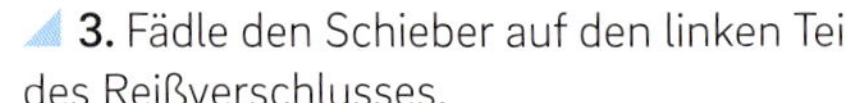

3. Fädle den Schieber auf den linken Teil des Reißverschlusses.

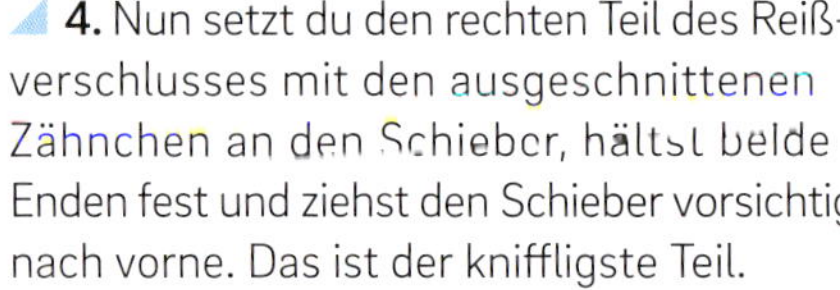

4. Nun setzt du den rechten Teil des Reißverschlusses mit den ausgeschnittenen Zähnchen an den Schieber, hältst beide Enden fest und ziehst den Schieber vorsichtig nach vorne. Das ist der kniffligste Teil.

5. Verriegle nun noch beide Enden des Reißverschlusses, indem du einige Male quer über die Reißverschlussraupe nähst. Damit kann der Schieber nicht aus Versehen ausgefädelt werden. Das Nähen mit der Nähmaschine funktioniert nur bei Plastikzähnchen. Wenn dein Reißverschluss Metallzähnchen hat, solltest du die Raupe mit ein paar Handstichen verriegeln.

6. Schneide deinen aufgefädelten Reißverschluss nun auf das richtige Maß zu.

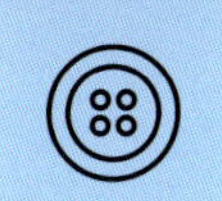

FACH MIT REIẞVERSCHLUSS

Mit einem Reißverschluss verschlossen kann aus Fächern nichts herausfallen und alles ist hübsch verwahrt. So bereitest du Reißverschlussfächer vor.

AUFBAU

Für das Wand-Utensilo, das du auf Seite 71 findest, brauchst du ein Steckfach mit integrierten Reißverschlussfächern.

Du benötigst für das Wand-Utensilo folgende Schnittteile aus den bei der Anleitung angegebenen Materialien:

- Reißverschlussfach oben
- Reißverschlussfach unten
- Reißverschlussfach Rückseite
- Reißverschluss-Endstücke
- 2 Reißverschlüsse à 22 cm inkl. Schieber

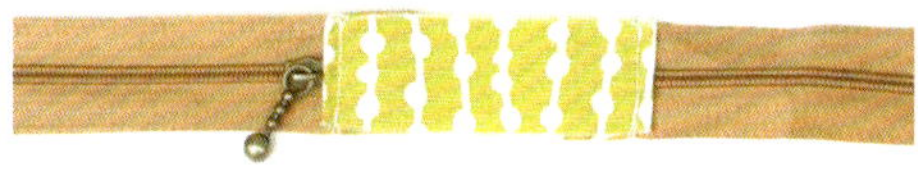

1

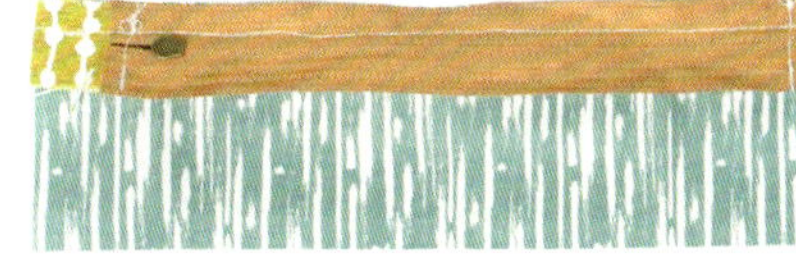

2

3

Wenn du einen Endlos-Reißverschluss verwendest, fädele zunächst die Schieber auf.

1. Nähe an das linke Ende des einen und an das rechte Ende des anderen Reißverschlusses jeweils eines der beiden kleineren Endstücke, wie es auf Seite 17 beschrieben wird, an. Das große Endstück dient als Verbindungsteil. Klappe hier beide Enden jeweils 2 cm auf die linke Stoffseite um und nähe das Endstück nun an die verbliebenen Reißverschluss-Enden an. Die überstehenden Enden der Reißverschlüsse wie in der Anleitung zu den Endstücken auf Seite 17 bis kurz vor die Naht zurückschneiden.

2. Fixiere den Reißverschluss rechts auf rechts an der unteren Kante des Schnittteils „Reißverschlussfach oben" und nähe ihn an. Verwende das Reißverschlussfüßchen. Die Nahtzugabe beträgt hier 0,7 cm Wenn du am Schieber angekommen bist, versenke die Nadel im Stoff, hebe das Füßchen, ziehe den Schieber an der Nadel vorbei, senke das Füßchen und nähe weiter.

3. Lege nun den Reißverschluss mit der verbliebenen offenen Kante rechts auf rechts an die obere Seite des Schnittteils „Reißverschlussfach unten" und nähe ihn daran fest.

Weiter gehts →

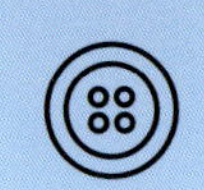

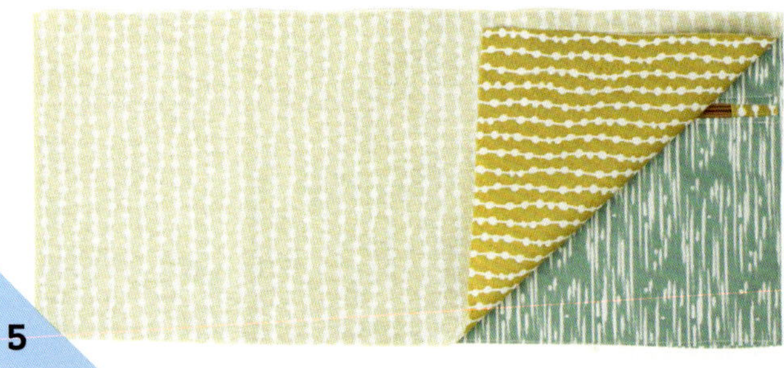

5

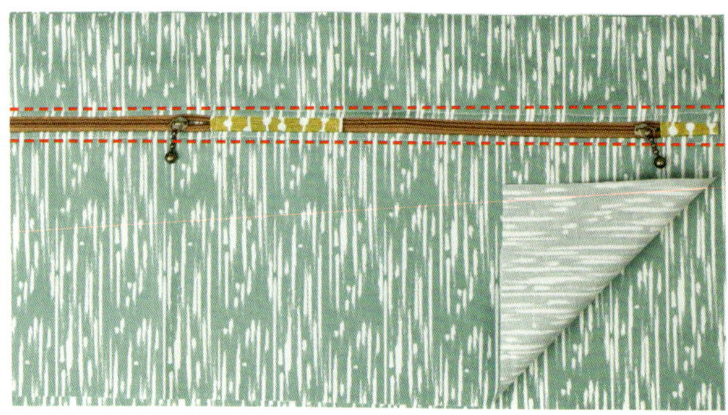

4

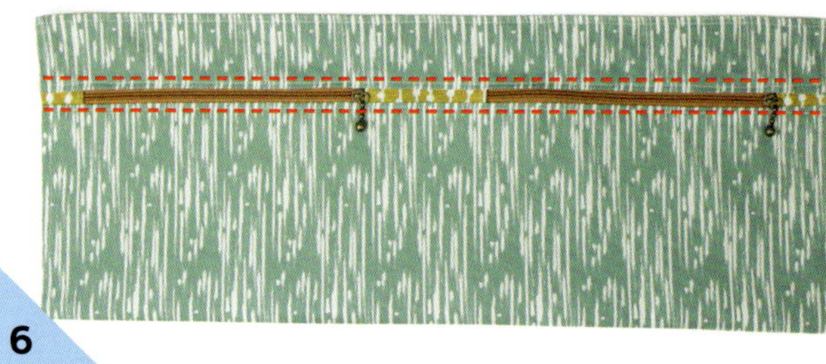

6

4. Klappe das Reißverschlussfach auseinander und bügle die Kanten am Reißverschluss. Steppe diese knappkantig ab. Lege nun das Schnittteil „Reißverschlussfach Rückseite" aus Oberstoff 1 rechts auf links darunter nun nähe es ringsum knappkantig fest.

5. Lege das Schnittteil „Reißverschlussfach Rückseite" aus Oberstoff 2 rechts auf rechts darauf und nähe es an der oberen und unteren Kante fest.

6. Wende das Fach und bügle die beiden Kanten. Steppe die obere knappkantig ab.

Nun kannst du das Steckfach, wie es auf Seite 19 beschrieben wird, annähen.

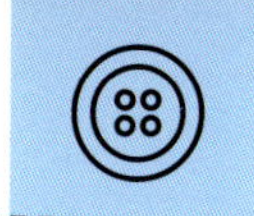

ÖSEN ANBRINGEN

Ösen brauchst du, wenn du Karabiner anbringen möchtest oder eine Kordel durch dein Projekt gezogen werden soll. Wähle sie passend zur Kordel.

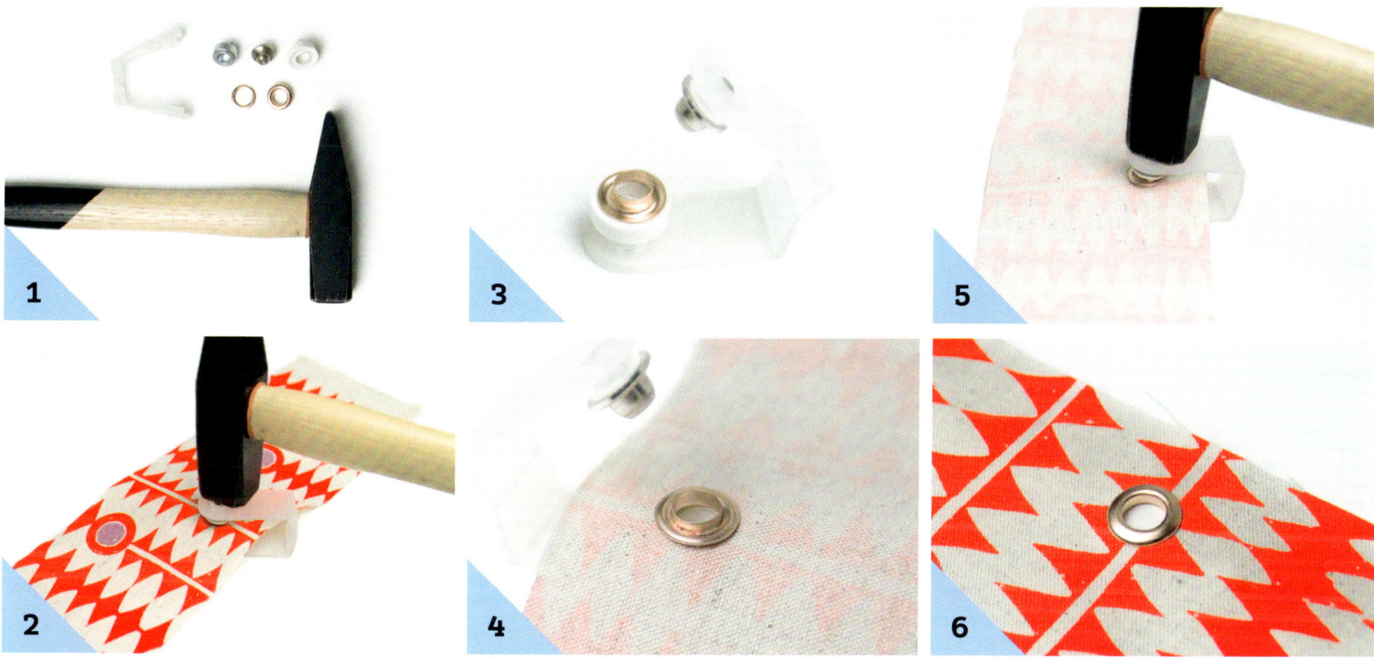

1. Zum Anbringen der Ösen benötigst du das Ösen-Werkzeug, das der Verpackung beiliegt, Ösen deiner Wahl und einen Hammer. Oft ist es hilfreich, den Stoff vor dem Anbringen der Ösen auf der linken Stoffseite mit Vlieseinlage zu verstärken.

2. Bringe das Stanzwerkzeug an den Werkzeughalter an. Markiere den Stoff an der Stelle, wo die Öse angebracht werden soll. Stanze mit dem Werkzeug an die markierte Stelle ein Loch. Halte dafür das Werkzeug gut fest und schlage kräftig 2- bis 3-mal mit dem Hammer auf die vordere Werkzeugseite.

3. Setze nun anstelle des Stanzwerkzeugs die Ösenaufnahme aus Kunststoff ein und lege auf diese die Öse mit dem Niethals nach oben.

4. Lege die gestanzte Stofflage darüber. Der Niethals wird dabei durch das Loch gesteckt und darauf wird das Plättchen mit der erhabenen Wölbung nach oben gelegt.

5. Halte das Werkzeug gut fest und schlage kräftig 2- bis 3-mal mit dem Hammer auf die vordere Werkzeugseite.

6. Nun ist die Öse fertig angebracht und du kannst Kordeln, Haken oder Karabiner einsetzen.

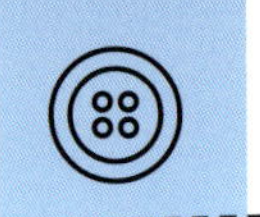

KAM SNAPS ANBRINGEN

Kam Snaps gibt es in allen Farben – es ist ein wahres Vergnügen, aus der Palette auszusuchen. Sie dienen als einfacher Verschluss, der schnell zu lösen ist.

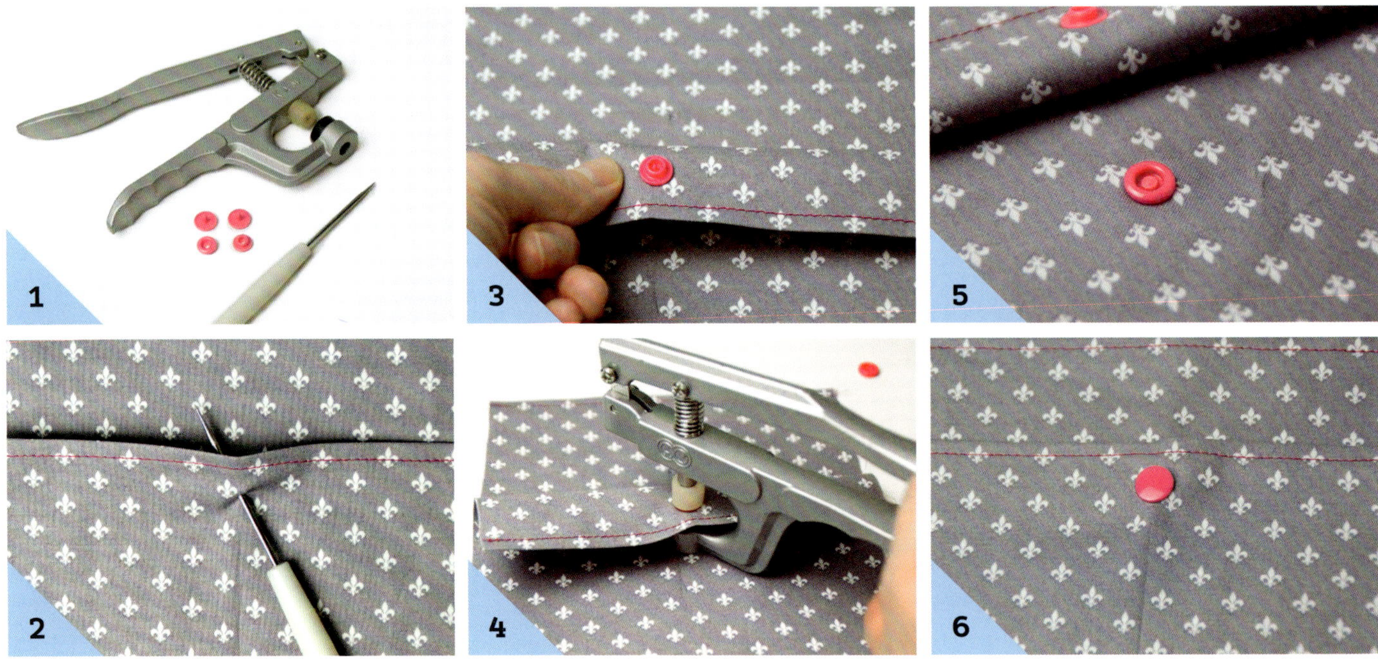

1. Um Kam Snaps ordentlich anzubringen, benötigst du neben den Kam Snaps – bestehend aus zwei Caps (runder Kopf, spitzer Stiel), einem Stud (geriffelte Rückseite, Ausstülpung auf der Vorderseite) und einem Socket (Vertiefung, Gegenstück des Studs) an sich – eine Kam-Snap-Zange und eine Ahle.

2. Markiere dir die Position für den Kam Snap und durchstich mit der Ahle alle Stofflagen. In diesem Beispiel bei einem Innenfach wird jeweils ein Loch in das Innenfach und die Innentasche gestochen.

3. Stecke nun den Cap von der Vorderseite der Innentasche durch das Loch. Auf den spitzen Stiel, der im Inneren des Steckfachs liegt, steckst du den Stud mit der geriffelten Seite nach unten.

4. Lege nun den Kam Snap in die Zange ein: Der Cap liegt auf der gewölbten Fläche auf, der flexible Gummiteil liegt über dem Stud. Der Cap muss genau in der schwarzen Wölbung liegen. Drücke nun die Zange mit mittlerem Druck zusammen. Entfernst du die Zange, siehst du, dass die Spitze des Caps breit gedrückt wurde.

5. Bringe nun das Gegenstück, den Socket, an die Innentasche an. Dafür steckst du den Cap von der linken zur rechten Stoffseite durch das Loch und positionierst den Socket mit der Vertiefung nach oben auf den Stiel. Lege nun die beiden Teile wie zuvor in die Zange und drücke diese zusammen.

6. Nun ist der Druckknopf fertig angebracht und du kannst ihn schließen.

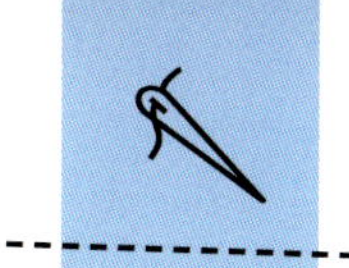

TUNNELZUG NÄHEN

Eine grundlegende Technik, die nicht nur für Ordnungshelfer und Taschen, sondern auch für Kleider hilfreich ist. Wie es geht, ist schnell erlernt.

1

2

TIPP

Sehr schmale Tunnel lassen sich mithilfe eines speziellen Wendewerkzeugs wenden. Essstäbchen o.Ä. sind auch geeignet dazu, aber bitte keine spitzen Gegenstände verwenden.

1. Klappe die Seitenteile 1 cm nach auf die linke Stoffseite und schlage sie dann noch einmal 1 cm um. Bügle die Kanten und nähe sie knappkantig fest.

2. Schlage die Nahtzugabe der Oberkante auf die linke Stoffseite um und bügle diese. Schlage nun die obere Kante noch einmal 10 cm zur linken Stoffseite um. Nähe an der unteren Kante (eingeschlagene Nahtzugabe) den Tunnelzug knappkantig zusammen und nähe dann noch einmal im Abstand von 1 cm zur unteren Kante noch eine zweite Naht.

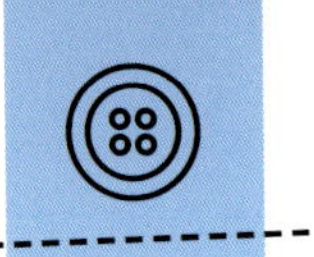

RIEMEN ANBRINGEN

Riemen als Halterungen für z. B. Ringe oder als Verschlussband lassen sich aus passenden Stoffen wunderbar selbst herstellen, du brauchst nur einen Streifen.

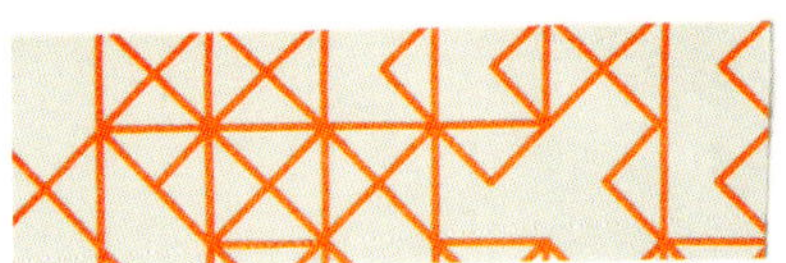

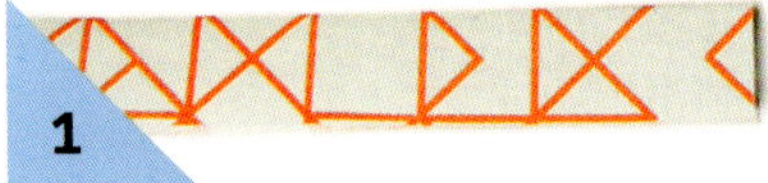

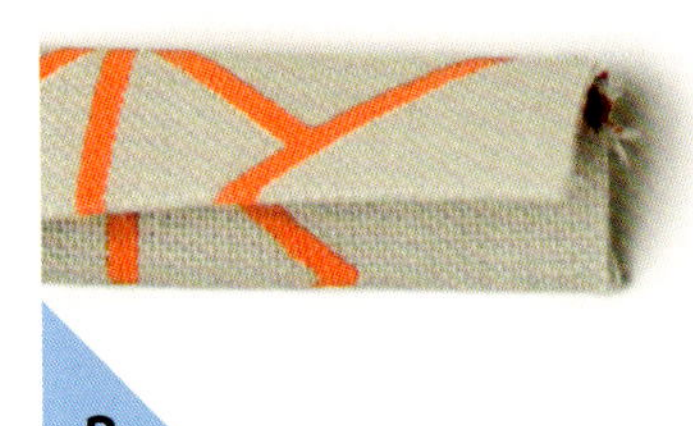

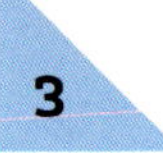

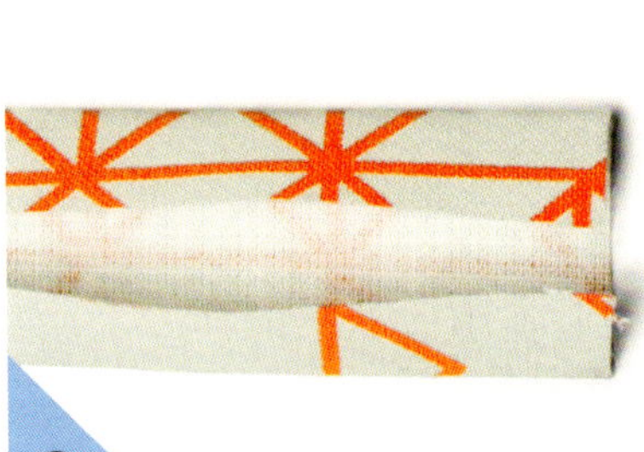

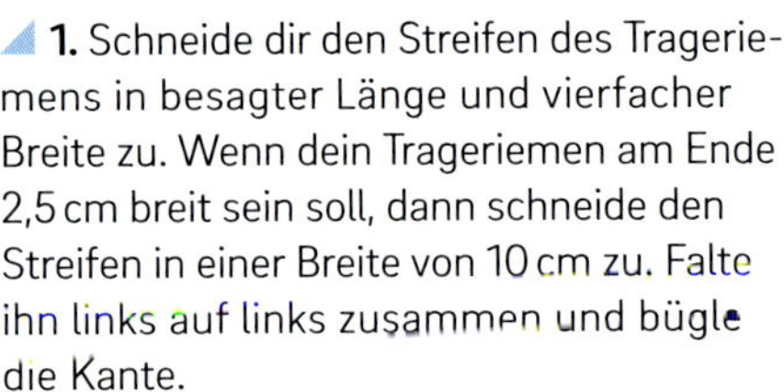

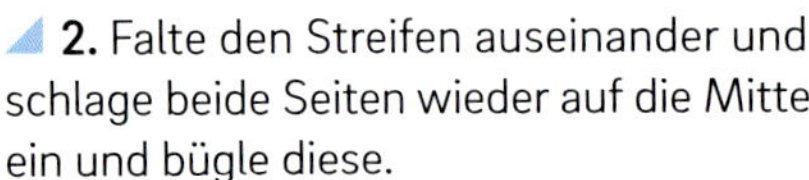

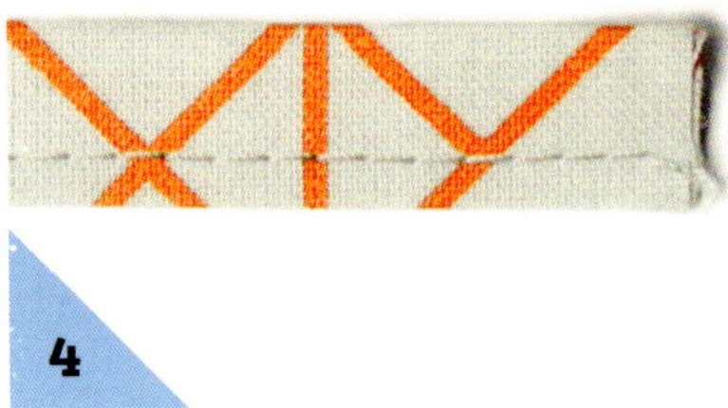

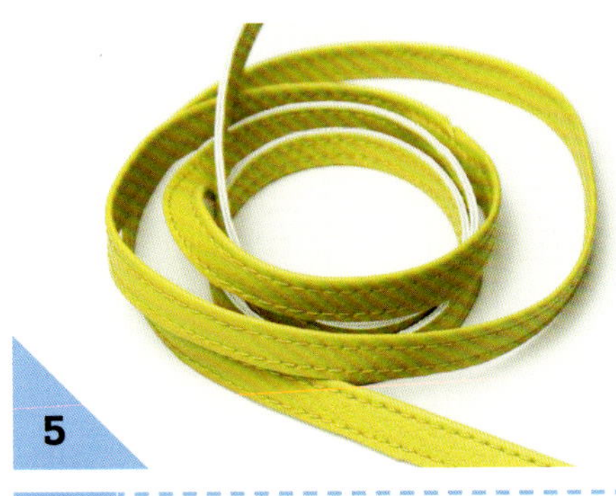

TIPP

Fertige Träger zum Annähen gibt es auch im Handel in vielfältigen Ausführungen zu kaufen, wenn es einmal schnell gehen soll. Nichts toppt allerdings Träger aus dem gleichen Stoff des Projekts.

1. Schneide dir den Streifen des Trageriemens in besagter Länge und vierfacher Breite zu. Wenn dein Trageriemen am Ende 2,5 cm breit sein soll, dann schneide den Streifen in einer Breite von 10 cm zu. Falte ihn links auf links zusammen und bügle die Kante.

2. Falte den Streifen auseinander und schlage beide Seiten wieder auf die Mitte ein und bügle diese.

3. Nun wird der Streifen noch einmal halbiert und gebügelt.

4. Steppe den Streifen noch an der offenen Kante knappkantig ab, und wenn du magst, auch an der Bruchkante. Damit ist der Gurt bereit zur weiteren Verarbeitung.

5. Ebenso kannst du einen Riemen aus Kunstleder nähen. Dafür schneidest du dir das Kunstleder in der doppelten Breite des später gewünschten Riemens zu und legst ihn links auf links zusammen. Nähe die lange Seite an den offenen Kanten und der Bruchkante knappkantig zusammen.

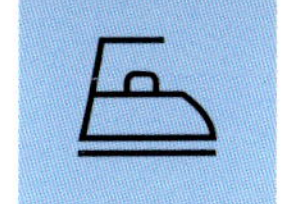

LAMIFIX

Mit Lamifix kannst du Stoffe abwischbar und wasserfest machen, allerdings sind sie nach der Laminierung nicht mehr waschmaschinentauglich.

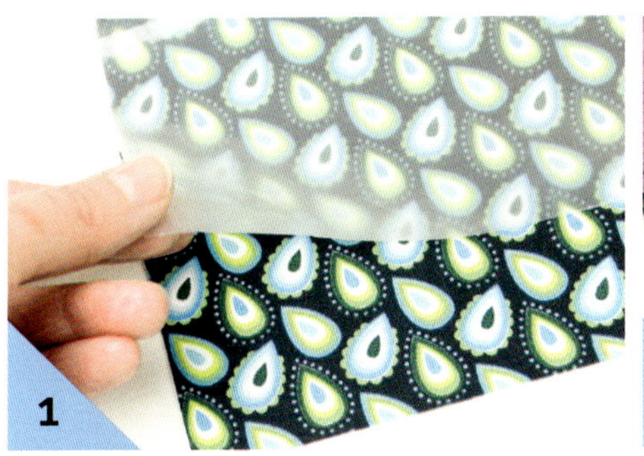

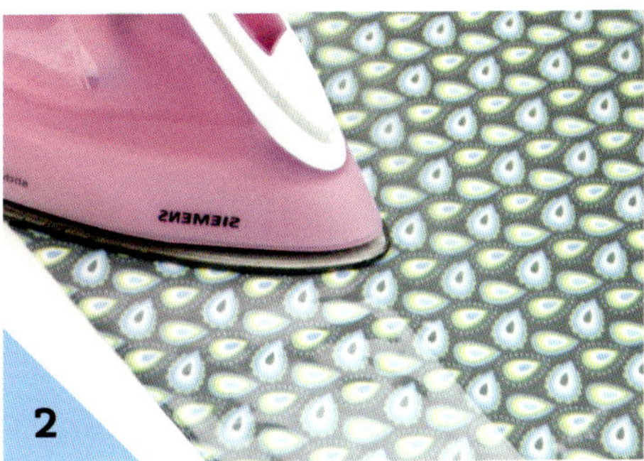

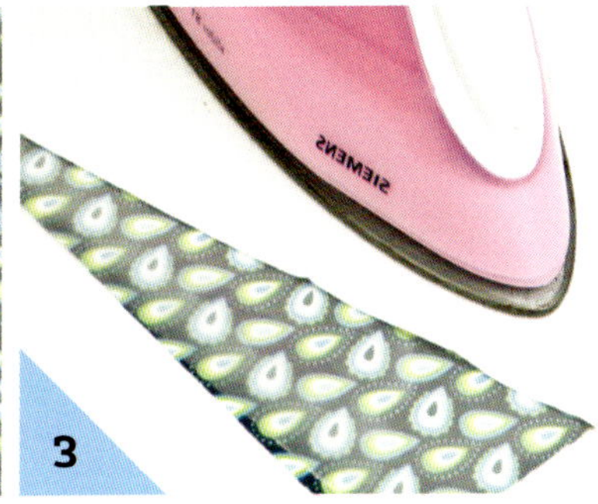

1. Schneide zunächst das Lamifix auf die ungefähre Größe deines Stoffs zu. Der Stoff wird laminiert, bevor du ihn für dein Nähprojekt zuschneidest. Das Lamifix wird nun mit der glänzenden Seite nach oben auf die rechte Seite des Stoffs gelegt.

2. Heize dein Bügeleisen auf Stufe 1 (Wolle/Seide) vor und bügle nun das Lamifix leicht an, ohne ein Tuch dazwischenzulegen. So wird die Folie zunächst grob fixiert. Wenn du das Lamifix nur partiell aufbringen möchtest, schneide die gewünschte Laminierung vorsichtig aus. Das geht am besten mit einem Cutter. Die Folienteile, die nicht permanent fixiert werden sollen, ziehst du nun wieder ab.

3. Nun heizt du das Bügeleisen auf knapp unterhalb von Stufe 3 auf. Lege ein Tuch auf das Lamifix und presse das Bügeleisen ca. 8 Sekunden Schritt für Schritt gut auf. Bei größeren Stoffstücken kannst du danach auch noch einmal in kreisförmigen Bewegungen über den laminierten Stoff (mit Tuch oder Backpapier dazwischen) bügeln.

Nun lässt du den laminierten Stoff für ca. 10 Stunden ruhen, damit sich der Kleber der Folie gut mit dem Stoff verbindet. Danach kannst du den Stoff wie gewünscht zuschneiden und weiterverarbeiten.

Der laminierte Stoff ist nun abwischbar, in die Waschmaschine sollte er aber nicht!

TASCHE MIT KLAPPE

Eine süße Tasche mit Klappe wertet jedes Projekt auf. Du fertigst sie vorher separat an, dann liegt sie zum Aufnähen gleich bereit.

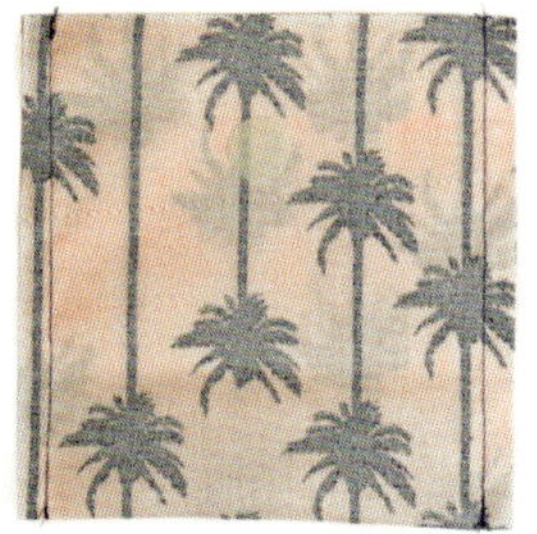

1

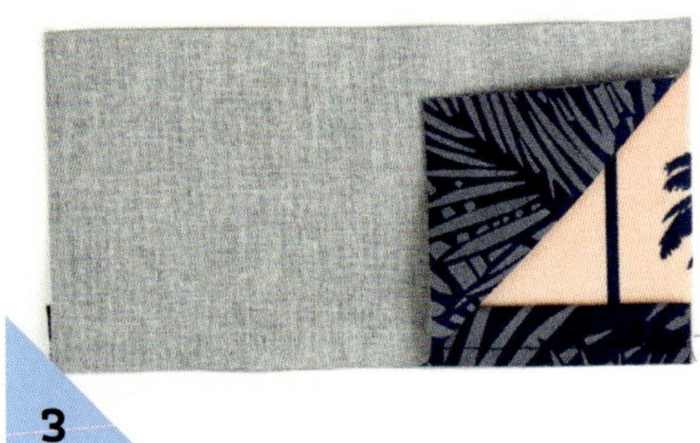

3

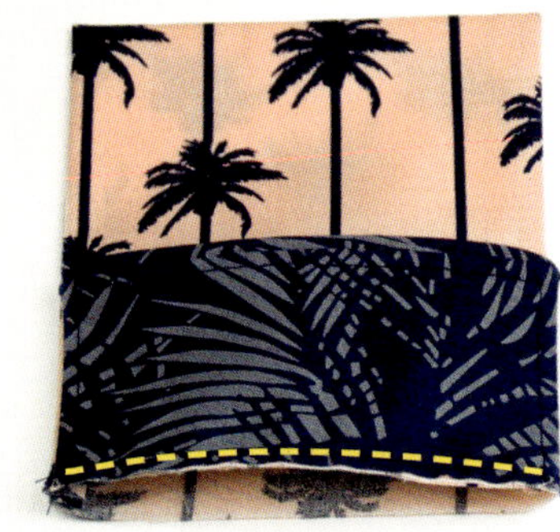

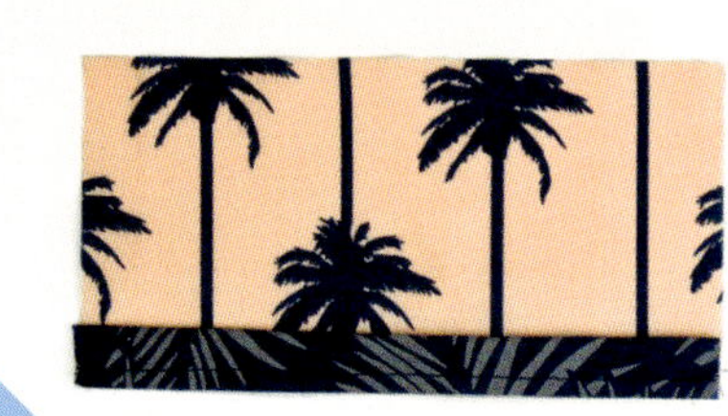

2

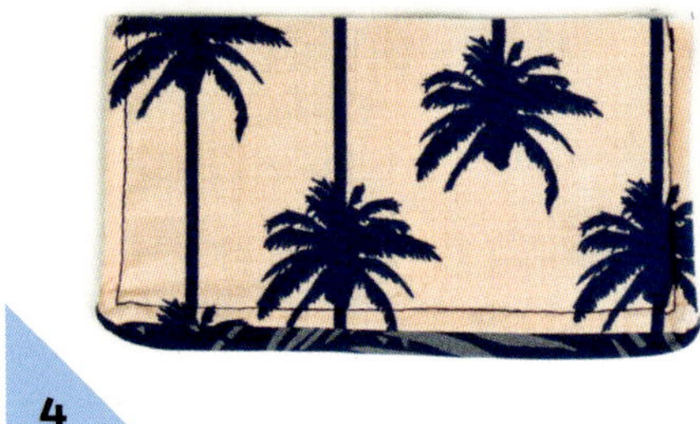

4

5

1. Lege die Schnittteile für Innen- und Außentasche rechts auf rechts zusammen, sodass sie an der Unterkante im Bruch liegen. Nähe die beiden Seiten zusammen. Schräge die Nahtzugaben an den unteren Ecken ab. Außentasche wenden und Ecken ausformen.

2. Verziere die Taschenklappe aus Oberstoff mit einer Paspel oder einer falschen Paspel, wenn du magst. Dafür legst du einen 3 cm breiten Streifen in der Länge der Klappe gefaltet auf diese. Die offenen Kanten des Streifens liegen unten. Knappkantig annähen.

3. Fixiere das Klappenteil aus Futterstoff rechts auf rechts darauf und nähe beide zusammen. Die obere Kante bleibt ungenäht.

4. Schräge die Ecken der Nahtzugaben bis kurz vor die Naht ab und wende die Klappe. Ecken ausformen und die genähten Kanten knappkantig absteppen.

5. Fixiere die Klappe rechts auf rechts an der oberen Kante der Außentasche und nähe sie knappkantig fest.

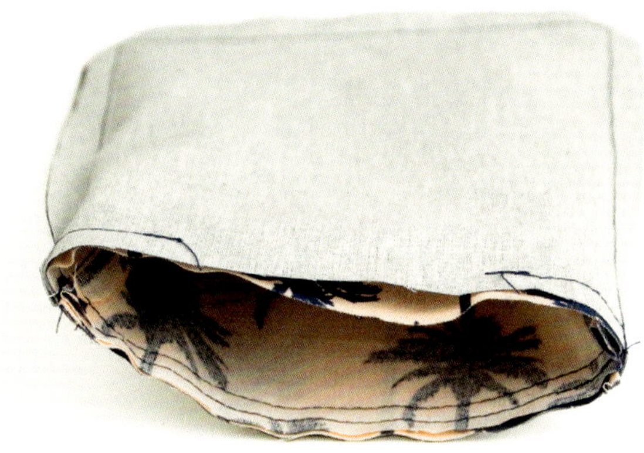

6

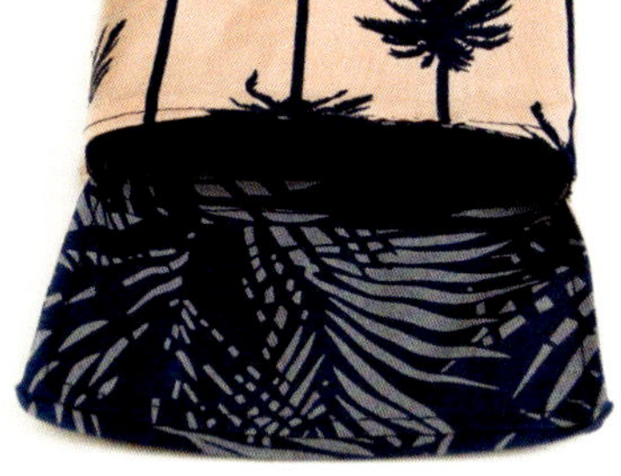

7

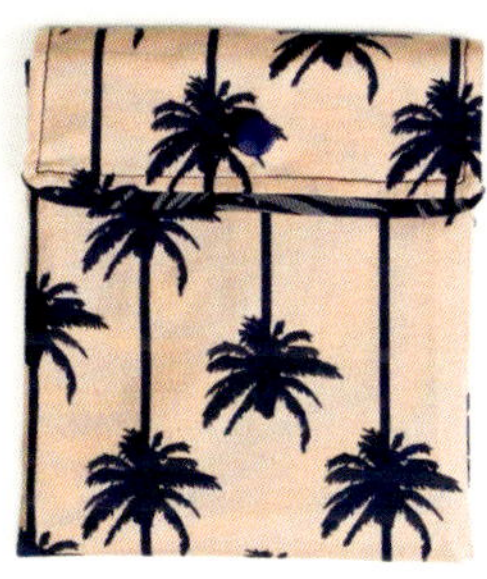

8

6. Stecke die Außentasche rechts auf rechts in die Innentasche. Die Taschenklappe liegt ebenfalls im Inneren. Nähe die obere Kante bis auf eine Wendeöffnung an der Vorderseite zusammen.

7. Wende die Tasche, klappe die Nahtzugabe der Wendeöffnung nach innen und steppe die obere Kante ringsum ab. Damit verschließt du auch automatisch die Wendeöffnung.

8. Bringe nun noch an der Taschenklappe und an der Taschenvorderseite einen Druckknopf als Verschluss an.

TIPP

Verstärke die Stellen an den Schnittteilen der Vorderseite der Außentasche und der Taschenklappe, an denen später der Druckknopf angebracht wird, mit Vlieseline!

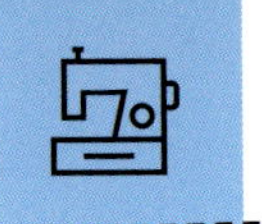

STOFFE VERSÄUBERN

Gerade grob gewebte Stoffe wie Canvas oder Halbpanama versäuberst du besser früher als später, denn sie fransen sehr schnell aus.

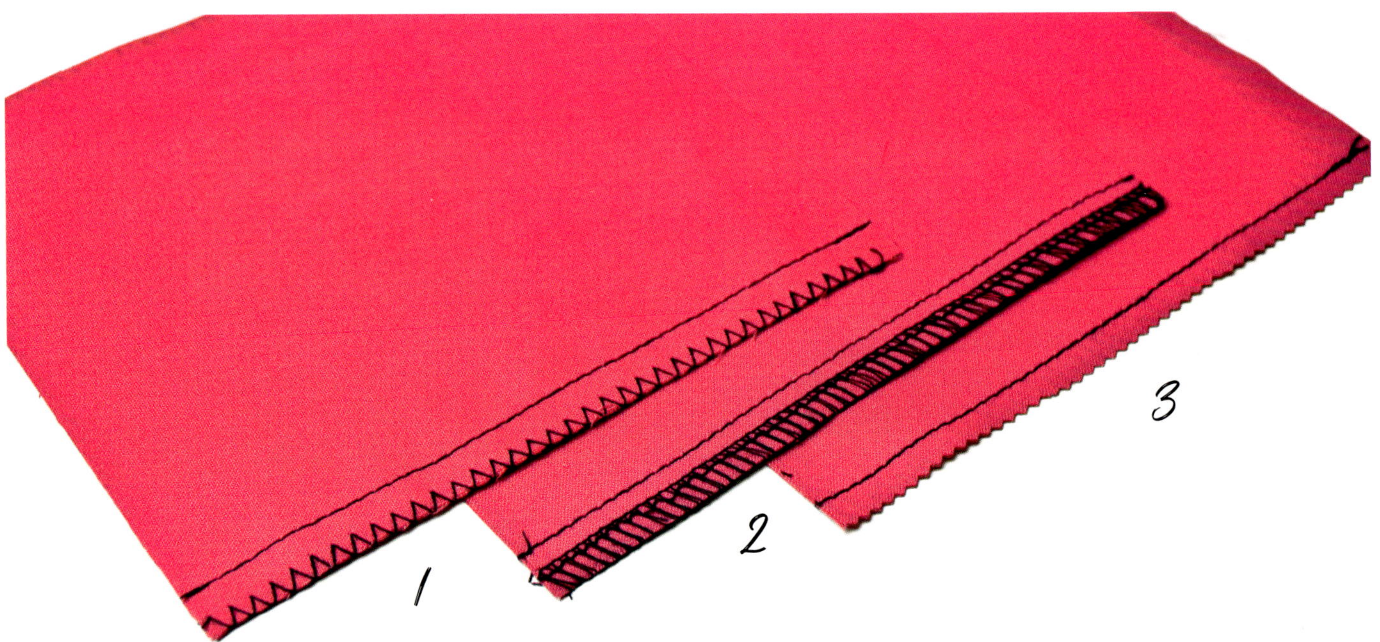

1. Stoffe können auf unterschiedliche Arten versäubert werden. Die gängigste Variante ist der Zickzackstich. Dabei wird die zu versäubernde Stoffkante so unter die Nadel gelegt, dass sie bei einem Stich in den Stoff und bei dem anderen Stich ins Leere sticht. So wird ein Ausfransen des Stoffs verhindert.

2. Wenn du eine Overlocknähmaschine besitzt, kannst du deine Zuschnitte auch damit versäubern. Stelle hier den Differenzialtransport auf 1.

3. Die dritte Möglichkeit, Stoffe zu versäubern, ist, die Nahtzugaben mit einer Zackenschere zurückzuschneiden.

TIPP

Innenliegende Kanten von nicht zu stark fransenden Stoffen dürfen auch einmal unversäubert bleiben.

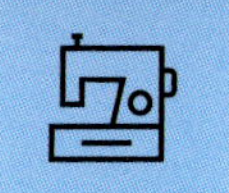

KORDELSTOPPER NÄHEN

Nichts ist ärgerlicher als eine Kordel, die sich selbst ausfädelt und mühselig wieder eingefädelt werden muss. Dem beugen kleine, schicke Kordelstopper vor!

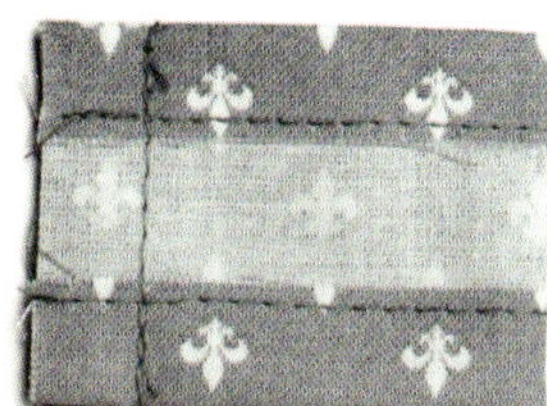

1

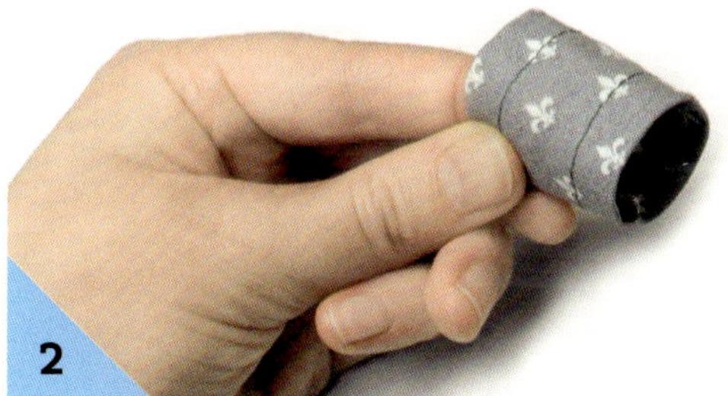

2

3

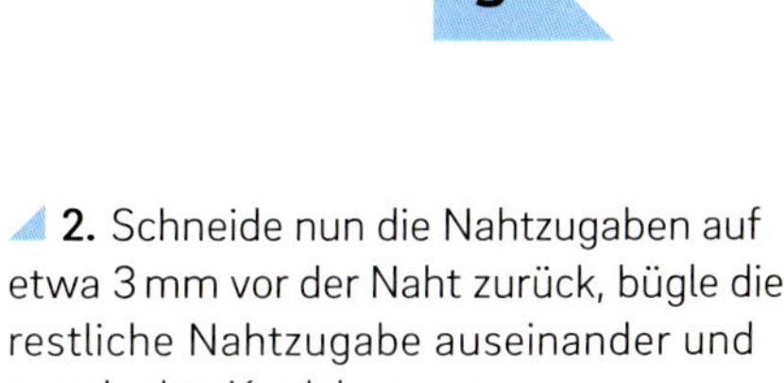

1. Für einen Kordelstopper benötigst du ein Rechteck mit den Maßen 10 x 6 cm. Falte die Nahtzugaben der langen Seiten jeweils 1 cm nach innen, bügle sie und steppe sie knappkantig ab. Falte das Rechteck nun rechts auf rechts zusammen und nähe es an der offenen Kante mit 1 cm Nahtzugabe zusammen.

2. Schneide nun die Nahtzugaben auf etwa 3 mm vor der Naht zurück, bügle die restliche Nahtzugabe auseinander und wende den Kordelstopper.

3. Ziehe den Kordelstopper auf die beiden Kordelenden auf und nähe, je nachdem wie dick deine Kordel ist, zwei Nähte knapp neben den Kordelenden oder eine Naht mittig. Am besten verwendest du dafür das Reißverschlussfüßchen.

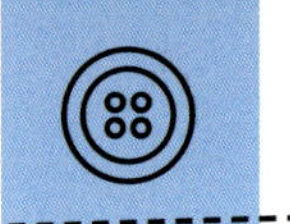

BUCHSCHRAUBEN ANBRINGEN

Tragegriffe aus SnapPap, Leder oder ReLeda kannst du wunderbar und sehr einfach mit Buchschrauben befestigen. Ganz ohne Nähen ruck, zuck fertig!

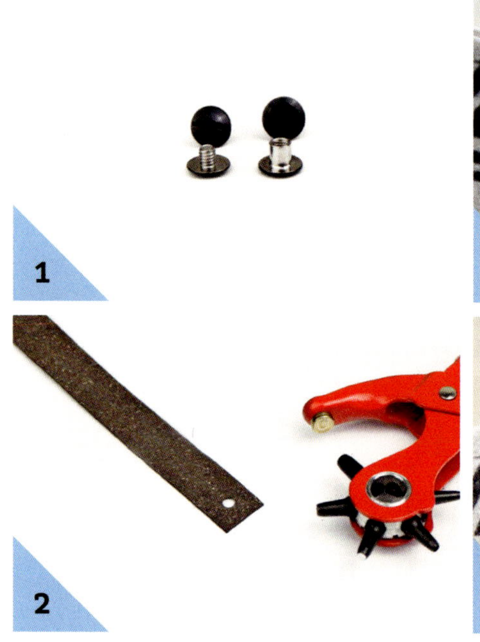

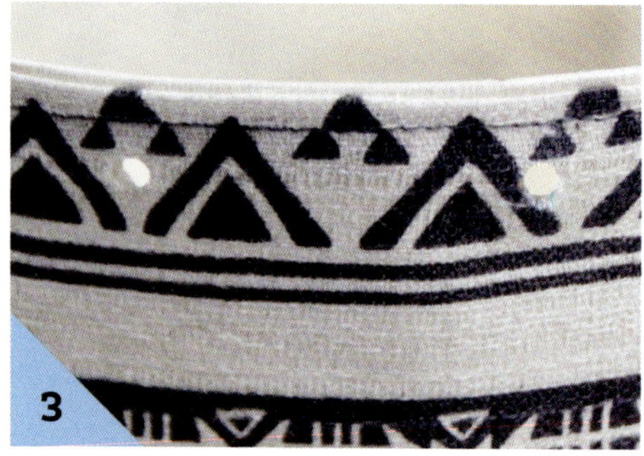

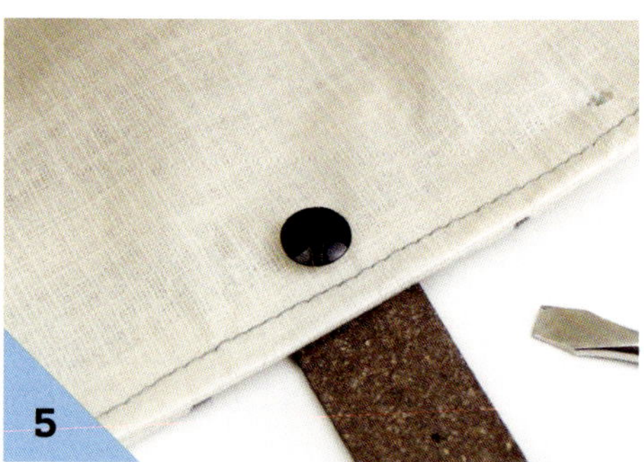

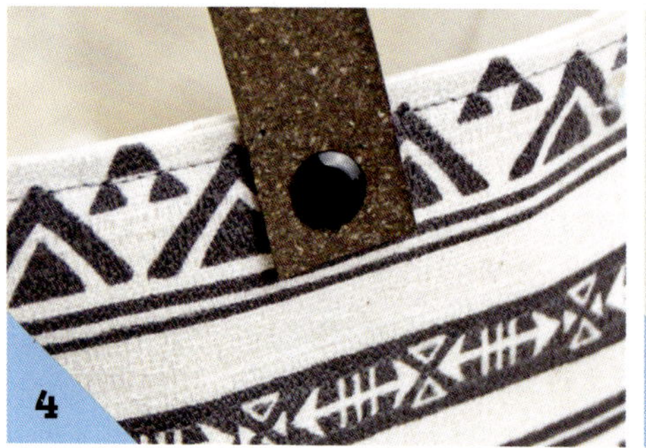

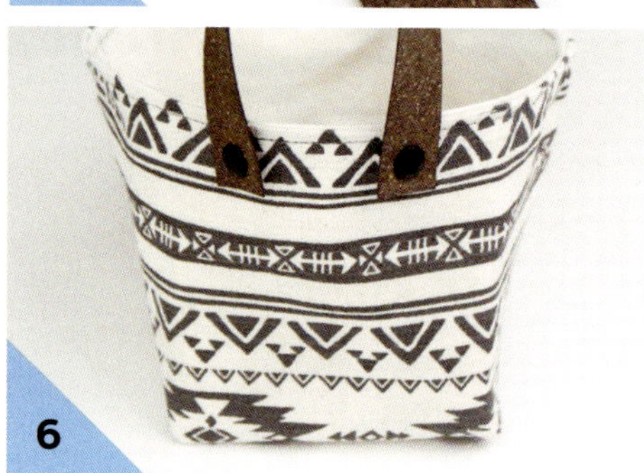

1. Die Buchschraube besteht aus zwei Teilen: einem mit glattem Kopf und innenliegendem Gewinde und einem mit äußerem Gewinde und einem Schraubenschlitz am Kopf.

2. Nimm den Streifen aus SnapPap, Leder oder ReLeda, der dein Tragegriff werden soll, und stanze Löcher in der Größe (Gewindeteil) des größten Durchmessers der Buchschraube hinein.

3. Dann stanzt du noch Löcher in das Gegenstück, in diesem Fall ein Blumenübertopf, an dem der Tragegriff angebracht werden soll.

4. Stecke den Teil der Buchschraube mit glattem Kopf von außen nach innen durch das Loch des Trageriemens und des Gegenstücks.

5. Fädle nun den Teil mit geschlitztem Kopf von innen auf und ziehe ihn mit einem Schraubenzieher fest.

6. Wiederhole die Arbeitsschritte für alle anderen Buchschrauben, die du noch anbringen möchtest.

BLUMENAMPEL-HALTERUNG

Der Blumenübertopf von Seite 46 lässt sich auch als Blumenampel verwenden. Die Materialien dafür findest du ebenfalls in der Anleitung.

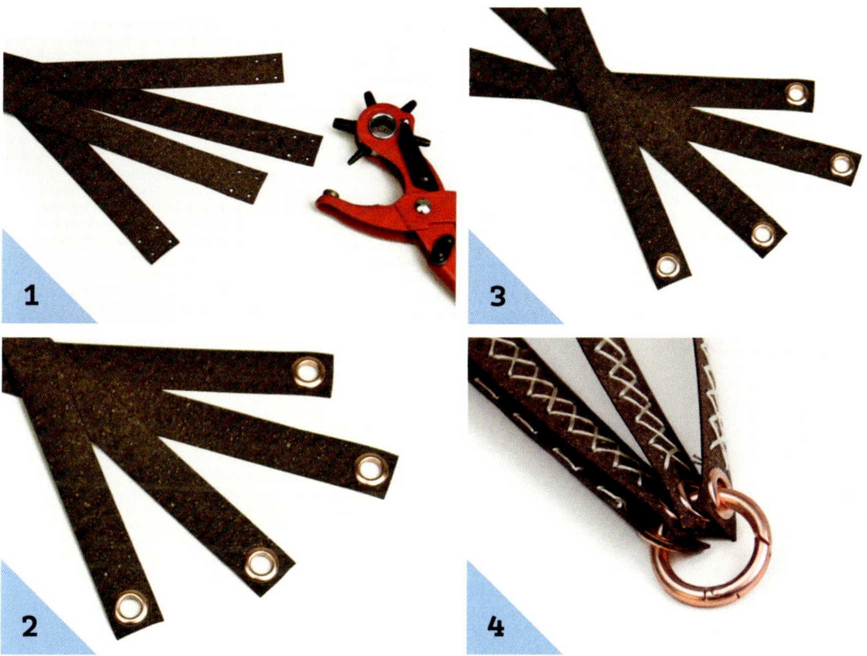

TIPP

Du kannst die Streifen der Halterung auch noch verzieren. Stanze dafür Löcher in regelmäßigen Abständen an den Kanten und besticke diese mit Garn. Das kannst du auch gleich in Schritt 3 machen!

1. Schneide vier Streifen für die Halterung in gewünschter Breite und Länge zurecht und stanze jeweils in das untere Ende vier kleine Löcher.

2. An das obere Ende eines jeden Streifens bringst du nun jeweils eine Öse an.

3. Nähe nun einen Streifen in jeweils einer Ecke des Übertopfs über Kreuz mit Sternzwirn an. Nimm das Garn am besten doppelt.

4. Fädle die oberen Enden der Streifen mit den Ösen auf einen runden Karabiner auf.

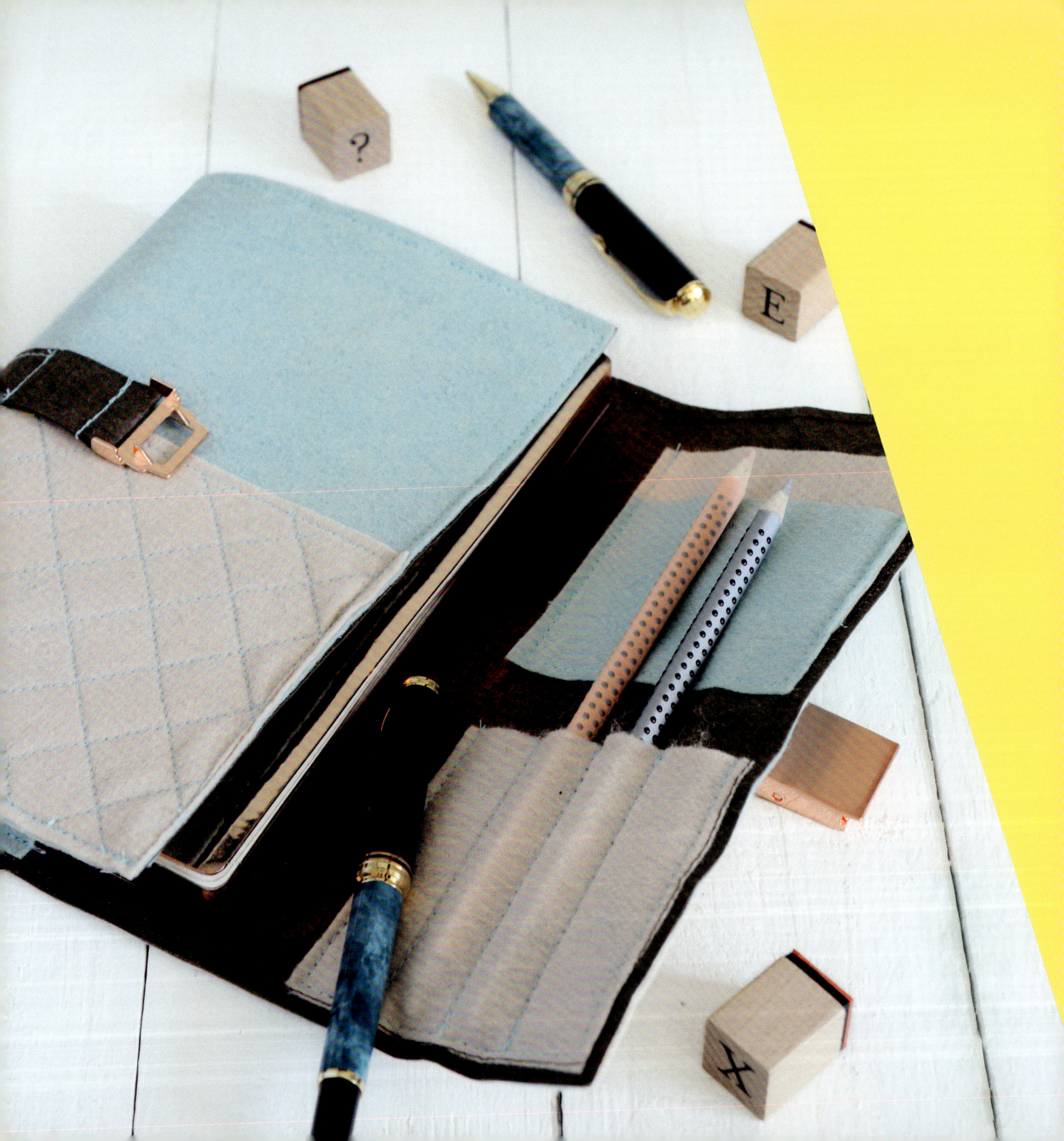
?
E
X

PROJEKTE

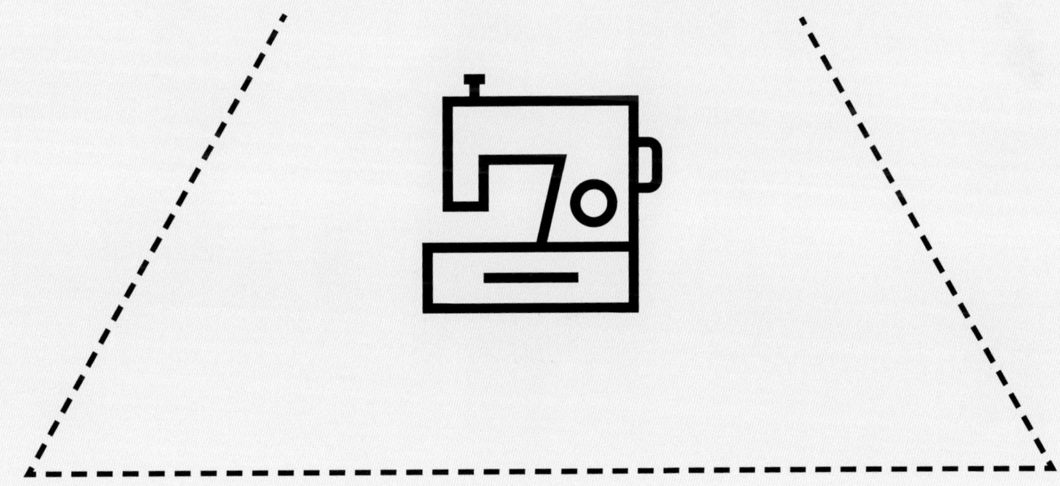

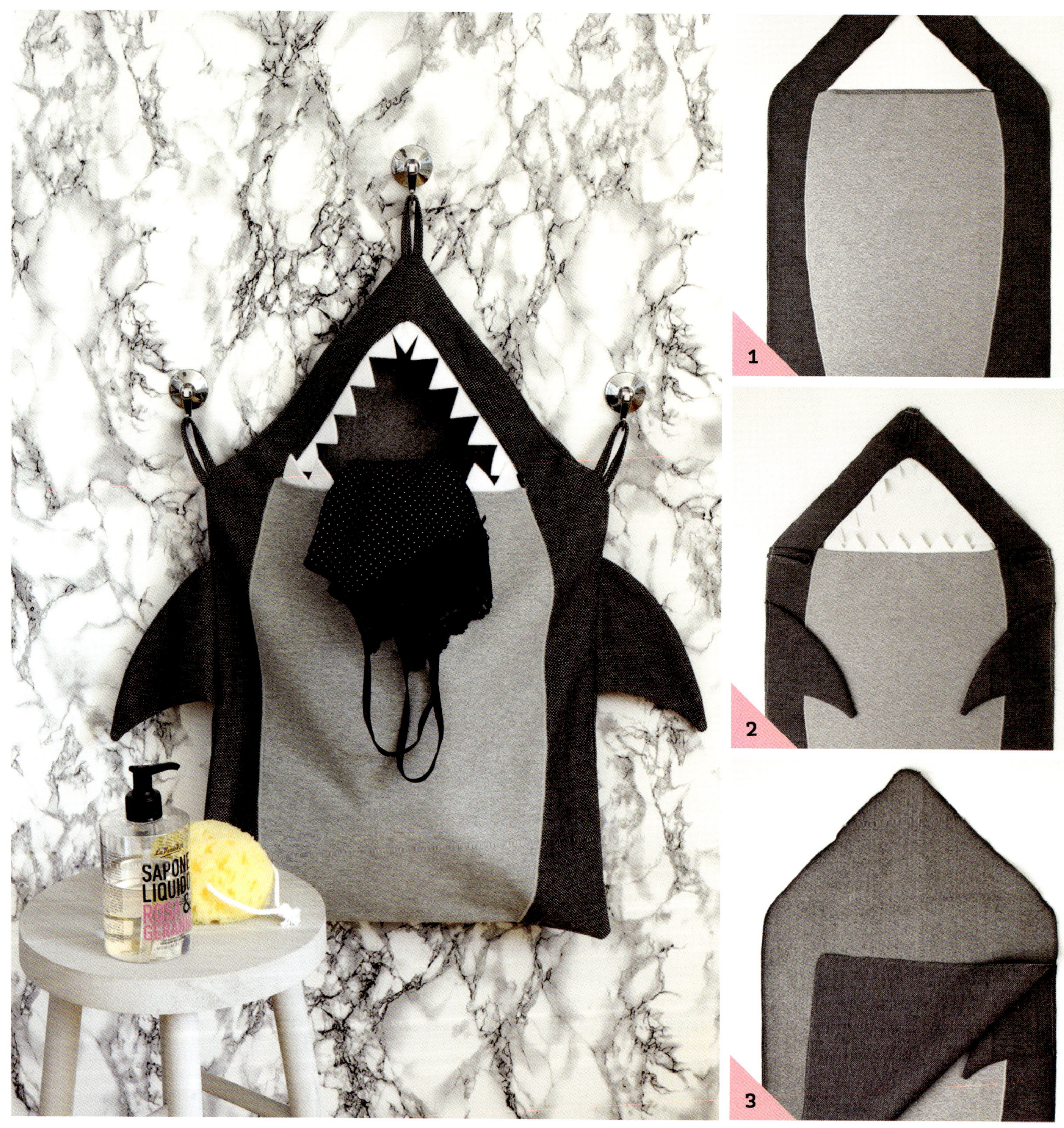
1
2
3

HAI-WÄSCHESACK

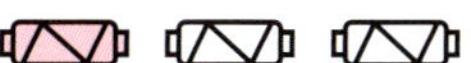

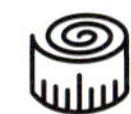

Maße: 45 cm x 70 cm

Mit diesem Wäschesack macht das Aufräumen im Kinderzimmer Spaß. Die Schmutzwäsche verschwindet im gefräßigen Maul des Hais und wartet dort auf den nächsten Waschtag.

MATERIAL

Der Stoffverbrauch bezieht sich auf eine Stoffbreite von 110 cm. Im Schnittmuster ist bereits 1 cm Nahtzugabe enthalten.

- Oberstoff: 1 m Möbelstoff in Dunkelgrau
- Kontraststoff: 35 cm x 50 cm Möbelstoff in Hellgrau
- Filz 2 mm: 32 cm x 22 cm
- Vliesofix: 35 cm x 50 cm
- 3 Saugnäpfe mit Haken

ZUSCHNITT

Aus Oberstoff
- 2 x Körper (bei einem Schnittteil den Mund ausschneiden)*
- 2 x Flossen*
- 3 x Schlaufen: 15 cm x 4 cm

Aus Kontraststoff
- 1 x Bauch*

Aus Filz
- 1 x obere Zahnreihe*
- 1 x untere Zahnreihe*

Aus Vliesofix
- 1 x Bauch*

**im Schnittmusterbogen enthalten*

ANLEITUNG

Körper nähen

1. Versäubere die Schnittteile „Körper" inklusive des Mauls. Bügle das Vliesofix auf die linke Stoffseite des Schnittteils „Bauch" und bügle es links auf rechts auf die Vorderseite des Körpers mit der Maulöffnung auf. Die linke und rechte Kante des Bauchs wird mit einem engen Zickzack-Stich umnäht.

2. Bügle die Nahtzugaben des Mauls um 1 cm nach innen. Fixiere nun von der linken Seite aus das Schnittteil „untere Zahnreihe" an die untere Kante des Mauls. Die Zacken zeigen nach oben und die gerade Kante schließt bündig mit der umgebügelten Nahtzugabe ab. Steppe die Zahnreihe nun von der rechten Seite aus knappkantig auf dem Körper fest. Nun die obere Zahnreihe genauso annähen. Achte darauf, dass der obere Zahn mittig in der Maulöffnung sitzt.

Nähe je 2 Schnittteile „Flossen" rechts auf rechts zusammen, schneide die Nahtzugaben bis kurz vor die Wendeöffnung ein, schräge die Ecken ab und wende die Flossen. Ecken und Rundungen ausformen, bügeln und die offene Kante versäubern. Nähe die drei Schlaufen wie im Grundlagenteil auf Seite 26 gezeigt wird.

Fixiere die Flossen links und rechts am Körper, wie im Schnittteil angegeben, und die Schlaufen jeweils in einer Ecke. Knappkantig annähen. Alle Teile knappkantig annähen.

3. Fixiere das zweite Schnittteil „Körper" rechts auf rechts auf dem Vorderteil und nähe es ringsum zusammen. Wende den Wäschesack durch das Maul, forme die Ecken aus und bügle die Kanten.

Der Wäschesack kann nun mit den Saugnäpfen z. B. an einer Tür aufgehängt werden.

TIPP

Beim Bügeln von Möbelstoff ein Tuch dazwischenlegen, um Glanzstellen und Anschmelzen zu vermeiden!

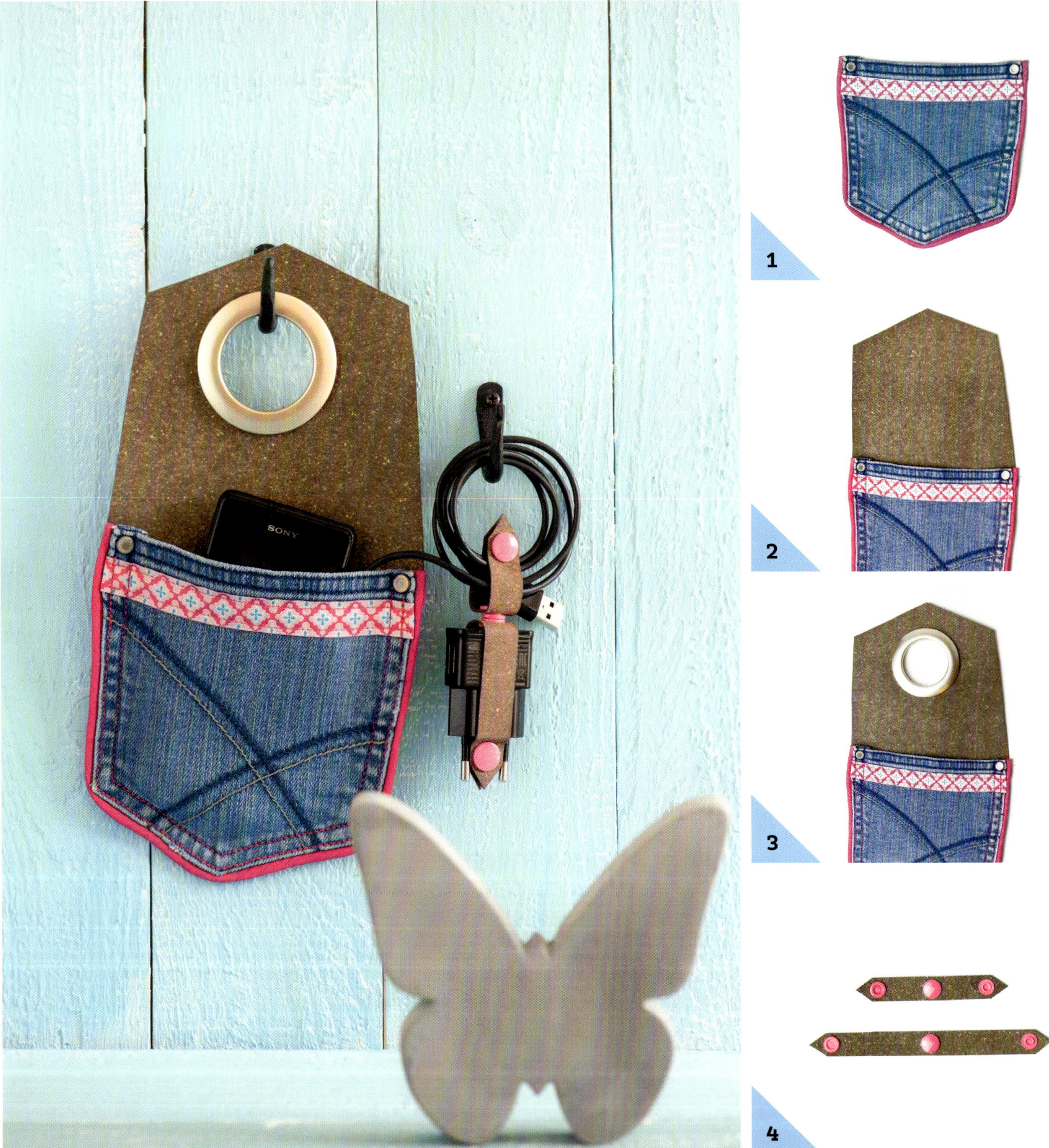
SONY
1
2
3
4

LADESTATION FÜRS SMARTPHONE

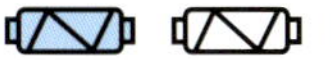

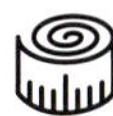

Maße: variabel, je nach Größe der Jeanstasche

Wohin mit dem Smartphone, wenn es an die Steckdose muss? In dieser tollen Upcycling-Tasche ist es super aufgehoben, denn es wird in der Jeanstasche verstaut und über den Stecker an die Steckdose gehängt. Mit dem Kabel-Organizer für das Ladegerät gibt es auch ab sofort keinen Kabelsalat mehr!

MATERIAL

- 1 Gesäßtasche einer alten Jeans
- ReLeda: 30 cm x 20 cm
- Webband: 2 cm länger als die Stelle der Tasche, auf die es aufgenäht wird
- Paspelband
- 1 Vorhangöse (Ø 50 mm)
- 3 Kam Snaps

ZUSCHNITT

Aus ReLeda:

- 1 doppelte Höhe der Gesäßtasche (gespiegelt)

Für den Organizer des Ladegeräts:

- 1x 1,5 cm x 16 cm und 1x 1,5 x 10 cm (die Länge der Streifen kann je nach Ladegerät angepasst werden)

ANLEITUNG

Ladestation nähen

1. Trenne die Gesäßtasche von der Jeans ab, fixiere das Webband an der oberen Kante der Tasche, klappe es auf die Rückseite um und nähe es fest. Fixiere das Paspelband auf der linken Stoffseite der Tasche an der linken, rechten und unteren Kante, klappe die Enden nach innen und nähe es an.

2. Lege die Tasche auf das ReLeda auf und markiere dir mit einem Bleistift die Umrisse der Tasche. Lege die Tasche gespiegelt an die Kante der Taschenöffnung an und markiere auch hier den Umriss. Zuschneiden. Fixiere die Tasche links auf rechts an dem Zuschnitt aus ReLeda und nähe sie knappkantig auf.

3. Bringe nun am oberen Ende eine Vorhangöse nach Herstellerangaben an. Bei ReLeda musst du etwas mehr Kraft aufwenden.

Organizer für Ladegerät

4. Nimm die beiden Streifen aus ReLeda und bringe wie auf den Bildern gezeigt die Kam Snaps an. Bringe den längeren Streifen am Stecker des Ladegeräts an und den kürzeren an dem zusammengewickelten Kabel. Stecke beide Teile an dem mittleren Kam Snap zusammen.

TIPP

Anstelle ReLeda kann auch Filz (max. 2 mm dick) oder SnapPap verwendet werden!

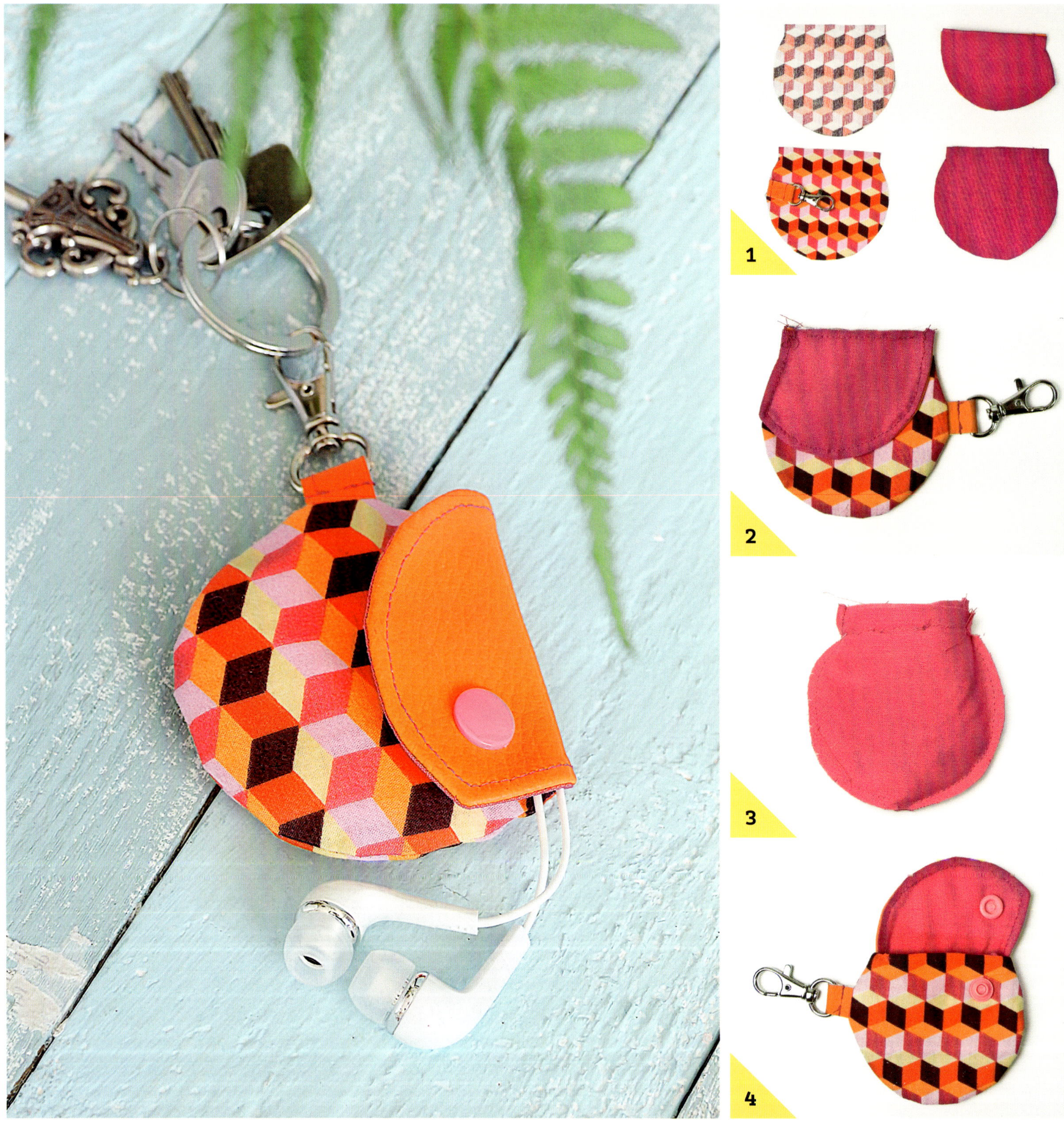
1
2
3
4

ANHÄNGER FÜR KOPFHÖRER

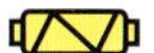 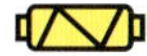 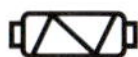

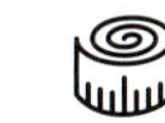

Maße: 8 cm x 7 cm

Kopfhörer werden unterwegs immer öfter benutzt. Sei es zum Musikhören oder zum Telefonieren. Doch wohin mit ihnen, wenn sie mal nicht gebraucht werden? Zusammengerollt passen sie in diese Tasche, die am Schlüsselbund befestigt werden kann und die du so immer mit dabeihast.

MATERIAL

Der Stoffverbrauch bezieht sich auf eine Stoffbreite von 110 cm. Im Schnittmuster ist bereits 1 cm Nahtzugabe enthalten.

- Oberstoff: 21 cm x 15 cm
- Futterstoff: 21 cm x 15 cm
- Kunstleder: 12 cm x 12 cm
- Karabiner, 12 mm
- 1 Kam Snap

ZUSCHNITT

Aus Oberstoff
- 2 x Außentasche*

Aus Futterstoff
- 2 x Außentasche*
- 1 x Klappe*

Aus Kunstleder
- 1 x Klappe*
- 1 x Karabinerschlaufe: 1,2 cm x 6 cm

** Im Schnittmusterbogen enthalten*

ANLEITUNG

Außen- und Innentasche, Klappe nähen

1. Lege die Schnittteile für Innentasche sowie Klappe jeweils rechts auf rechts zusammen und nähe sie zusammen. An der Innentasche eine Wendeöffnung an der im Schnittteil eingezeichneten Position lassen. Die obere Kante bleibt ebenfalls bei Innentasche und Klappe offen. Ziehe den Kunstlederstreifen durch den Karabiner und sichere ihn mit einer Naht parallel zum D-Ring des Karabiners. Verwende den Reißverschlussfuß. Damit kommst du besonders nah an den Ring heran. Nähe an ein Außentaschenteil den Karabiner knappkantig an die im Schnittteil eingezeichnete Position, lege das zweite Außentaschenteil rechts auf rechts darauf und nähe es zusammen. Auch hier bleibt die obere Kante ungenäht. Rundungen gleichmäßig ein- und Nahtzugaben auf 3 mm zurückschneiden. Außentasche und Klappe wenden und Rundungen ausformen.

2. Fixiere die Klappe rechts auf rechts auf die Rückseite der Außentasche und nähe sie knappkantig fest. Nimm hierfür den Reißverschlussfuß, dieser ist besonders wendig.

3. Stecke die Außentasche rechts auf rechts in die Innentasche. Achte darauf, dass die Klappe ebenfalls im Inneren liegt. Mit dem Reißverschlussfuß die obere Kante ringsum zusammennähen. Rundungen gleichmäßig ein- und Nahtzugaben auf 3 mm zurückschneiden. Wende das Täschchen nun durch die Wendeöffnung und verschließe diese mit einer knappkantigen Naht. Innentasche in Außentasche stecken und Kanten gut bügeln. Nicht über das Kunstleder bügeln!

4. Bringe nun noch an der im Schnittteil der Klappe eingezeichneten Position einen Kam Snap an.

TIPP

Du kannst die Schlüsselanhängertasche auch für Hunde-Leckerlis oder Kotbeutel verwenden. So hast du bei der nächsten Gassirunde alles parat!

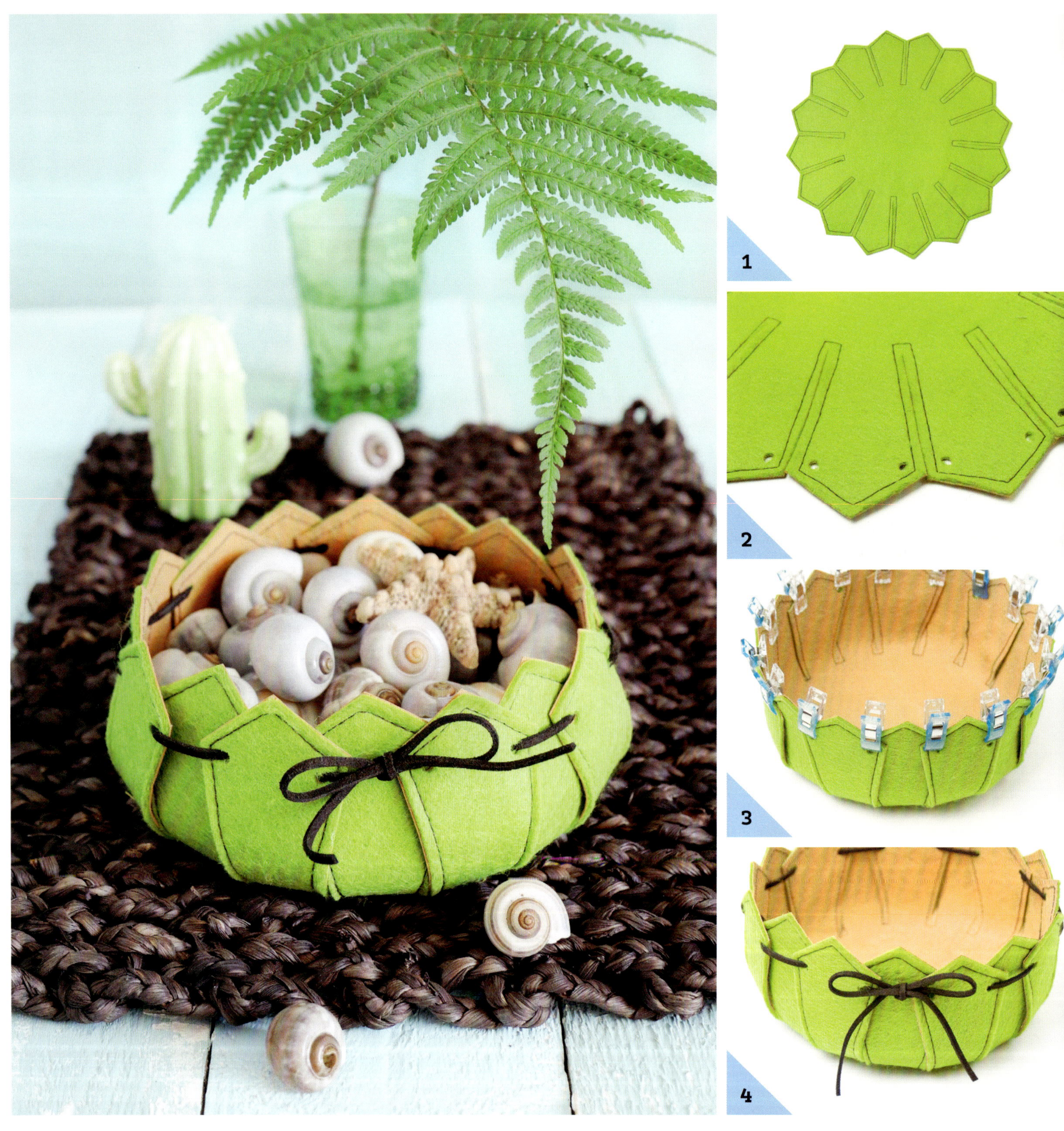
1
2
3
4

BLÄTTERKÖRBCHEN

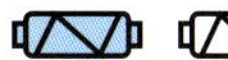 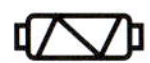 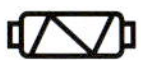

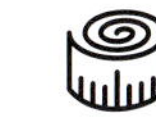

Maße: 18 cm x 7cm

Wie Blätter schmiegen sich die einzelnen Segmente des Körbchens zusammen nach oben. Durch die Kombination von Filz und SnapPap bekommt es eine besonders natürliche und reizvolle Optik, die jedoch leicht umzusetzen ist. Über das Lederbändchen kannst du regulieren, wie groß die Öffnung sein soll.

MATERIAL

- Filz, 1 mm dick: 30 cm x 30 cm
- SnapPap plus: 30 cm x 30 cm
- Velourslederband, 3 mm: 1 m
- Sprühkleber für Textilien
- Lochzange

ZUSCHNITT

Aus Filz
- 1x Außenseite: 30 cm x 30 cm*

Aus SnapPap plus
- 1x Innenseite: 30 cm x 30 cm*

**im Schnittmusterbogen enthalten*

ANLEITUNG

Außen- und Innenseite zusammenfügen

1. Vor dem Zuschnitt klebst du mit dem Sprühkleber Filz und SnapPap zusammen. Übertrage nun auf die SnapPap-Seite die Schablone, auch die späteren Schnittlinien, und schneide die Außenkontur sowie die Schnittlinien der Blattsegmente aus. Nun jede Schnittkante knappkantig absteppen.

Körbchen formen

2. Stanze nun in jedes Blattsegment in die Ecken 2 Löcher.

3. Klappe nun die Blattsegmente nach oben und stecke sie mit Clips zusammen. Achte darauf, dass im Wechsel ein Blatt vorn und eines hinten liegt!

4. Nun fädelst du das Velourslederband von vorn nach hinten immer im Wechsel durch. Fixiere es mit einer Schleife und entferne die Clips.

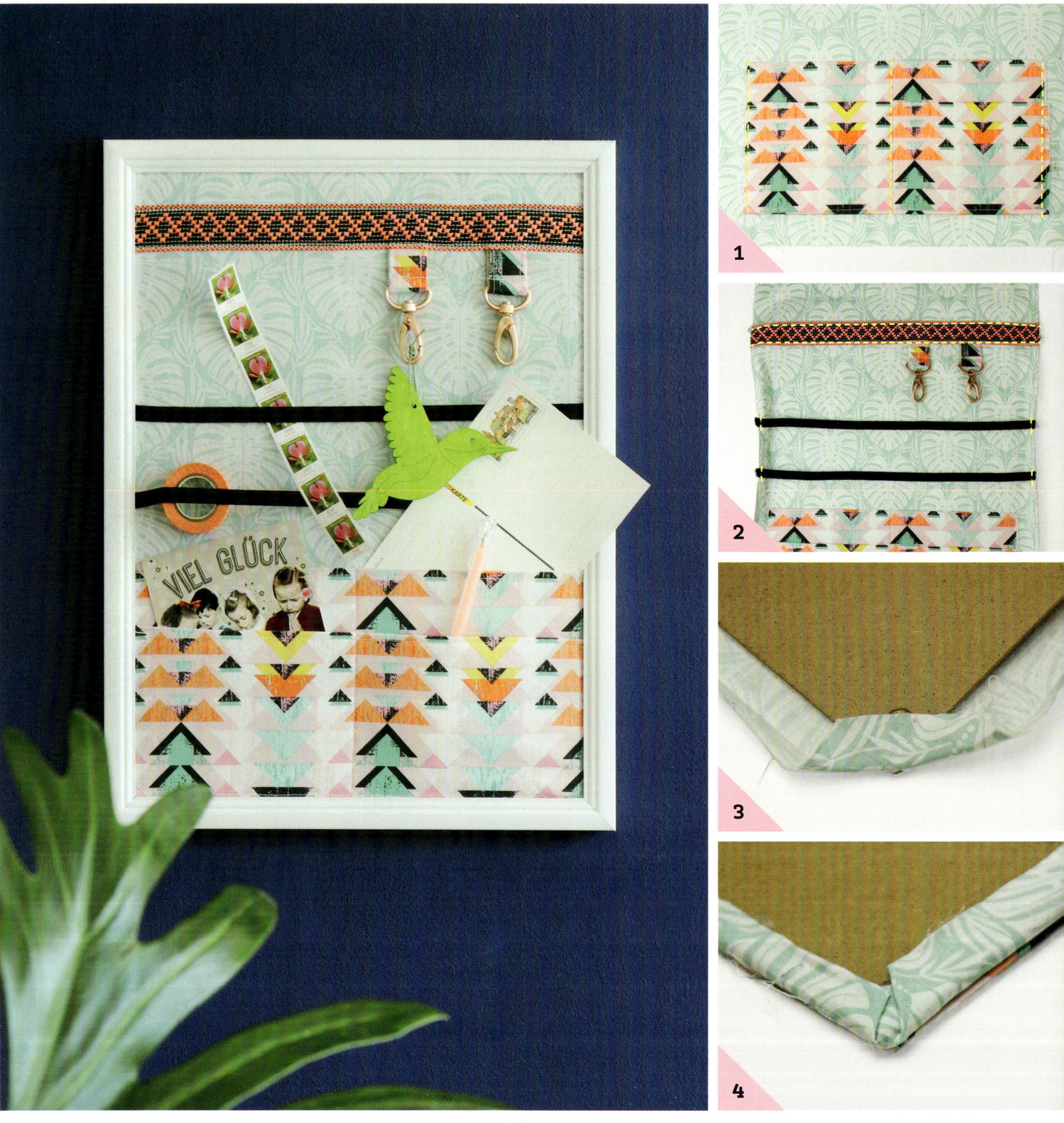
VIEL GLÜCK
1
2
3
4

POSTSTATION

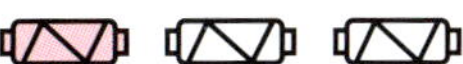

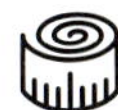

Maße: 30 cm x 40 cm

Mit dieser Poststation hat deine Familie alles im Blick! An einem zentralen Ort aufgehängt, kannst du hier erhaltene oder abzusendende Briefe, Notizen, den Schlüssel für Keller und Garage und noch vieles mehr verstauen. Perfekt macht sich die Poststation im Flur, der Ein- und Ausflugstelle aller Familienmitglieder.

MATERIAL

Der Stoffverbrauch bezieht sich auf eine Stoffbreite von 110 cm. Im Schnittmuster ist bereits 1 cm Nahtzugabe enthalten.

- Oberstoff: 50 cm
- Kontraststoff: 35 cm
- Vlieseline H630: 30 cm x 40 cm
- Vlieseline H200: 25 cm
- 2 Karabiner für 2,5 cm breites Gurtband
- Gummiband: 75 cm
- Webband (3 cm breit): 36 cm
- Bilderrahmen 30 cm x 40 cm
- Heißklebepistole

ZUSCHNITT

Aus Oberstoff
- 1x Hintergrund: 36 cm x 46 cm

Aus Kontraststoff
- 2 x Steckfach: 30 cm x 23 cm
- 2 m Schlaufe für Karabiner: 10 cm x 10 cm

Aus Vlieseline H630:
- 1x Hintergrund: 30 cm x 40 cm

Aus Vlieseline H200:
- 2 x Steckfach: 30 cm x 23 cm

Vlieseline auf die entsprechenden Schnittteile aufbügeln. Bei dem Hintergrund die Vlieseline mittig aufbringen. Umlaufend bleiben 3 cm frei.

ANLEITUNG

Steckfächer vorbereiten und aufnähen

1. Lege die Schnittteile der Steckfächer jeweils rechts auf rechts und nähe sie zusammen. Nahtzugaben auseinanderbügeln, wenden. Lege die Naht mittig auf die Rückseite und bügle die Kanten. Die obere Kante knappkantig absteppen. Nun werden die Steckfächer 3 cm bzw. 4 cm von der unteren Kante auf dem Hintergrund fixiert und jeweils die untere Kante knappkantig angenäht. Nähe nun mittig bei 15 cm noch eine Teilungsnaht über beide Steckfächer und fixiere diese knappkantig links und rechts mit einer Hilfsnaht am Hintergrund.

Karabiner und Gummibänder annähen

Bereite die Schlaufen für die Karabiner vor, wie es im Grundlagenteil auf Seite 26 beschrieben wird. Ziehe sie jeweils durch den Ring eines Karabiners und nähe sie knapp neben dem Karabinerring zusammen. Stecke die Karabiner 6 cm von der oberen und 7 cm bzw. 19 cm von der rechten Kante auf den Hintergrund. Knappkantig festnähen. Lege das Webband darüber und nähe es an der oberen und unteren Kante fest.

2. Schneide 36 cm lange Stücke Gummiband zurecht und fixiere sie mit etwas Zug 18 cm bzw. 24 cm von der oberen Kante auf dem Hintergrund. Mit 1 cm Nahtzugabe festnähen. Mehrfach vor und zurück nähen.

Poststation am Bilderrahmen befestigen

3. Bügle die Kanten der Poststation 1 cm auf die linke Stoffseite. Lege die Poststation auf die Rückwand des Bilderrahmens. Die untere Kante der Steckfächer schließt bündig mit der unteren Kante der Rückwand ab. Schlage den überstehenden Stoff auf die Rückseite um und falte die Ecken im 45-Grad-Winkel nach innen. Bügeln. Klappe die Ecken noch einmal auf die Rückwand und fixiere sie mit Heißkleber.

4. Schlage nun die Kanten auf die Rückwand und fixiere sie zunächst mit Clips. Die Poststation sollte schön straff auf die Rückwand gespannt werden. Fixiere dann alle Kanten noch einmal mit Heißkleber. Poststation in den Rahmen einsetzen und aufhängen.

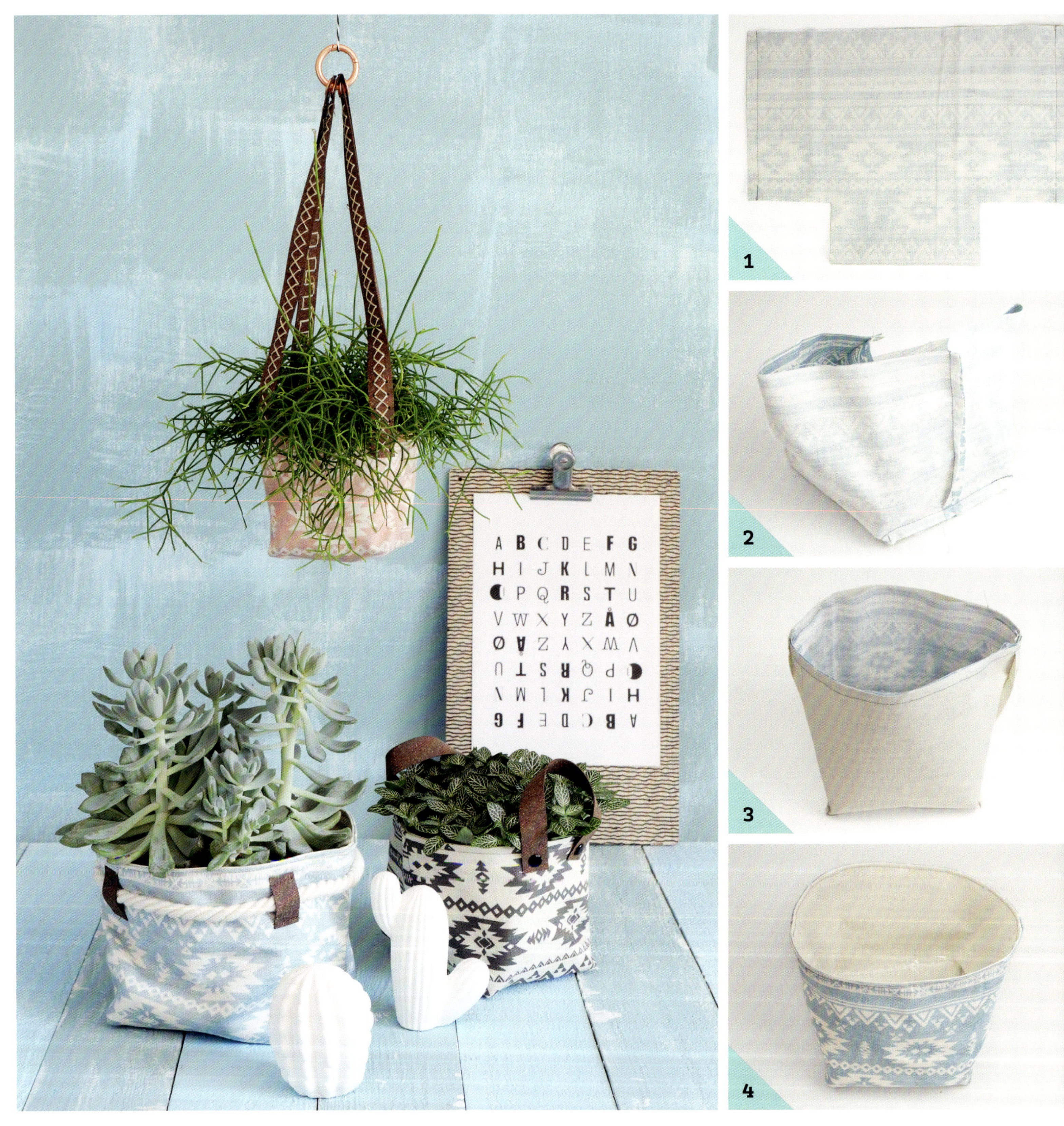
1
2
3
4

BLUMENÜBERTÖPFE AUS STOFF

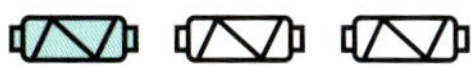

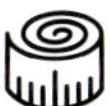

Maße: je nach Topfgröße

Übertöpfe werden auf Dauer langweilig? Mit diesen Blumenübertöpfen kannst du deinen Pflanzen das perfekte Outfit auf den Topf schneidern. Du kannst sie nach einem Grundschnitt genau auf die Maße deines Blumentopfs nähen und dabei noch ganz nach deinen Vorstellungen hübsch verzieren.

MATERIAL

Der Stoffverbrauch bezieht sich auf eine Stoffbreite von 110 cm. Im Schnittmuster ist bereits 1 cm Nahtzugabe enthalten.

- Oberstoff: Canvas, Verbrauch je nach Topfgröße
- Futterstoff: beschichtete Baumwolle, Wachstuch oder selbst laminierter Stoff, Verbrauch je nach Topfgröße
- ReLeda oder SnapPap: Reste für Henkel, Blumenampel, Schlaufen
- 4 Ösen (für Variante 1/Blumenampel)
- 1 runder Karabiner (für Variante 1/Blumenampel)
- 4 Buchschrauben (für Variante 2 mit Henkel)
- Kordel (1 cm Ø) in der Länge des Topfumfangs (für Variante 3 mit Schlaufen)

ZUSCHNITT

Aus Oberstoff

- 1 x Außenteil Variante 1, je nach Topfgröße
- 1 x Außenteil Variante 2, je nach Topfgröße
- 1 x Außenteil Variante 3, je nach Topfgröße

Aus Futterstoff

- 1 x Innenteil Variante 1, je nach Topfgröße
- 1 x Innenteil Variante 2, je nach Topfgröße
- 1 x Innenteil Variante 3, je nach Topfgröße

Aus ReLeda bzw. SnapPap

- Variante 1: 4 x Riemen, 2 cm breit, je nach gewünschter Länge
- Variante 2: 2 x Henkel, 2 cm breit, je nach gewünschter Länge
- Variante 3: 4 x Schlaufen, 2 cm x 4 cm

Weiter gehts →

ANLEITUNG

Erstelle den Schnitt für deinen Übertopf ganz einfach selbst nach dem Nähschema auf der gegenüberliegenden Seite. Du brauchst dafür die fertige Höhe sowie den größten Durchmesser des Blumentopfs. Wenn du die obere Kante noch umschlagen möchtest, musst du zur Höhe dieses Maß noch addieren.

Außen- und Innenteil nähen

1. Schneide dir ein Außen- und ein Innenteil im Stoffbruch an der unteren Kante zu, lege sie jeweils rechts auf rechts zusammen und schließe die Seitennähte.

2. Ziehe die Außen- und Innenteile auseinander, sodass am Boden an den noch offenen Kanten zwei gerade Strecken entstehen. Stecke die Seitennähte mittig auf den Strecken fest und nähe sie zusammen. Nahtzugaben der Bodennähte auf 3 mm zurückschneiden, Außenteil wenden.

3. Außen- und Innenteil zusammenfügen
Stecke das Außenteil rechts auf rechts in das Innenteil und stecke die oberen Kanten bündig zusammen. Die Seitennähte treffen hierbei aufeinander. Innerhalb der Nahtzugabe bis auf eine ausreichend große Wendeöffnung zusammennähen. Falls der Stoff beim Nähen durch die Beschichtung rutscht, klebe an die obere Kante ringsum Wondertape und fixiere so die Kanten von Außen- und Innenteil. Nahtzugabe, ausgenommen die Wendeöffnung, zurückschneiden.

4. Wende den Blumentopf durch die Wendeöffnung, forme alle Ecken aus und stecke das Innen- in das Außenteil. Fixiere die obere Kante mit Clips und steppe sie knappkantig ab. Dabei wird auch gleich die Wendeöffnung geschlossen.

Variationsmöglichkeiten
Du kannst die Blumentöpfe je nach Einsatzzweck und Geschmack verzieren. Um die Trageriemen für eine Blumenampel herzustellen und diese zu befestigen, folge der Anleitung auf Seite 33 im Grundlagenteil. Für Variante 2 schneidest du dir die Henkel in der gewünschten Länge zu und befestigst sie mit Buchschrauben, wie auf Seite 32 beschrieben wird. Die Schlaufen für Variante 3 zuschneiden und an den Ecken ca. 1 cm vom oberen Rand entfernt aufnähen. Kordel auf das Maß des Topfumfangs zuschneiden, durch die Schlaufen fädeln und die Kordelenden aneinanderstoßen lassen. Diese gut mit Klebeband umwickeln und hinter einer Schlaufe verstecken.

TIPP

Stelle deine Pflanze immer mit Untersetzer in die Übertöpfe, da diese nicht zu 100 % wasserdicht sind!

UTENSILO-NÄHSCHEMA

Wenn du ein eckiges Utensilo nach eigenen Maßen nähen möchtest, kannst du das Schnittmuster nach diesem Schema anfertigen. Wenn du den oberen Rand umschlagen möchtest, musst du die Breite der Krempe noch zur Höhe hinzurechnen.

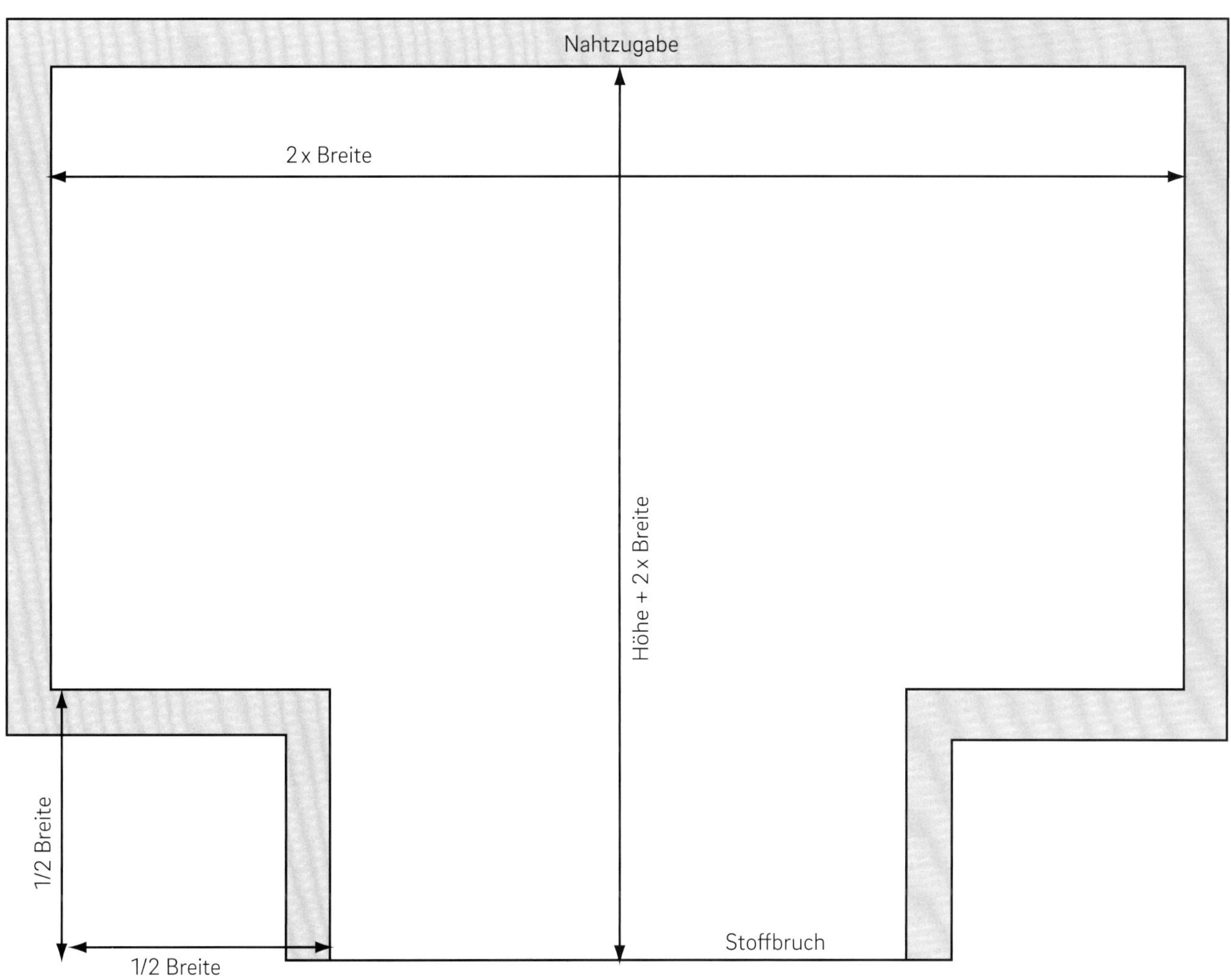

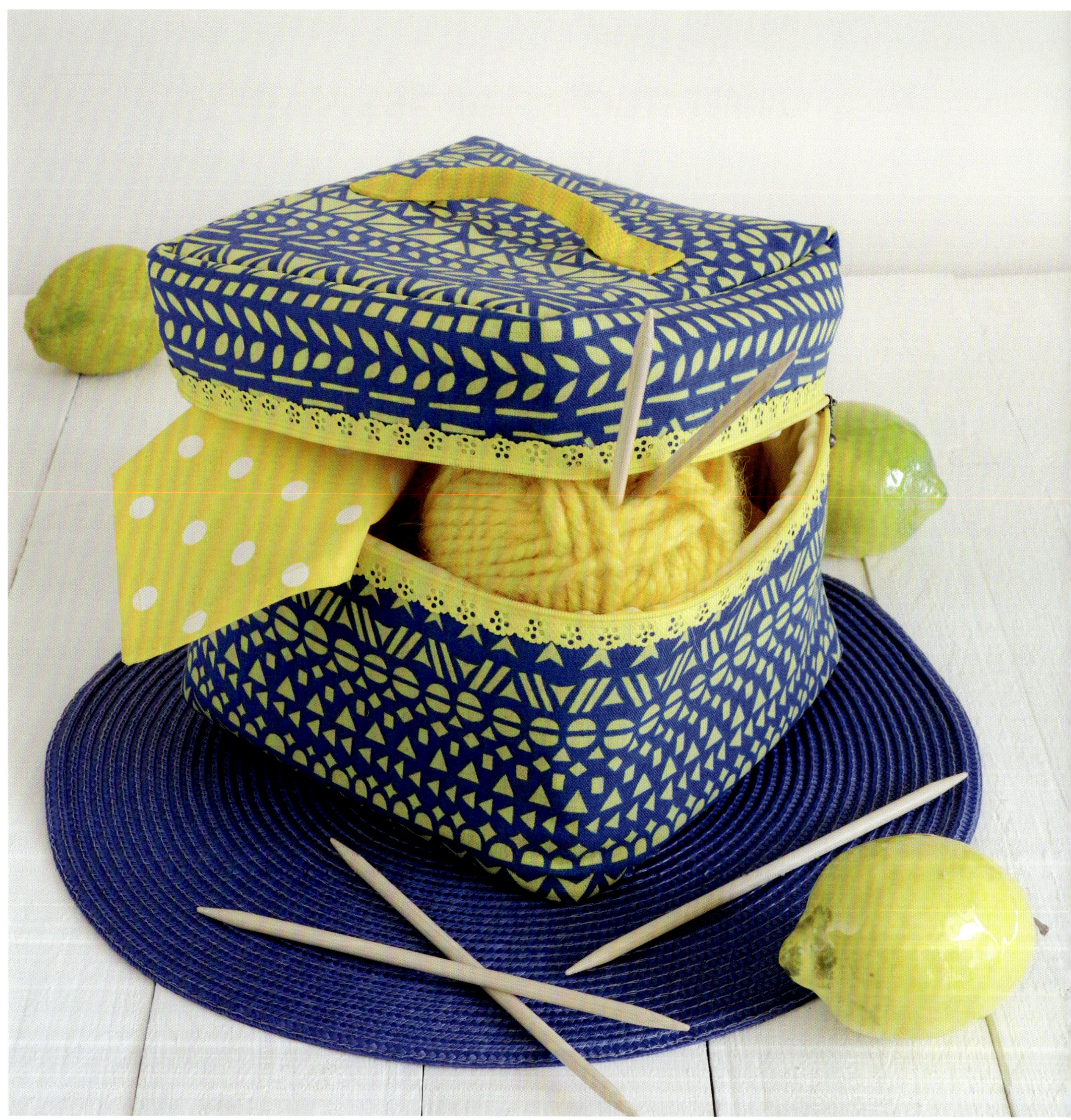

AUFBEWAHRUNGSBOX

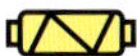 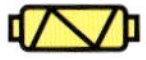 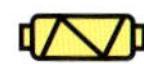

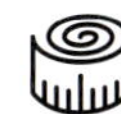

Maße: 20 cm x 20 cm x 29 cm

In dieser geräumigen Aufbewahrungsbox kannst du allerlei Dinge verstauen: seien es Wollknäuel und Stricknadeln oder Bastelutensilien. Diese Dinge sind in der Box mit Reißverschluss und Tragegriff gut geordnet, und da sie verschließbar ist, kann nichts wegkommen. Dank des Henkels ist die Box reisetauglich.

MATERIAL

Der Stoffverbrauch bezieht sich auf eine Stoffbreite von 110 cm. Im Schnittmuster ist bereits 1 cm Nahtzugabe enthalten.

- Oberstoff: Baumwollstoff 1 m
- Futterstoff: Baumwollstoff 1 m
- Oberstoff 3: Baumwollstoff 1 m
- 1 Spitzen-Endlos-Reißverschluss inkl. Schieber (2,5 cm breit): 66 cm
- Gurtband (2,5 cm breit): 20 cm
- Style-Vil: 50 cm
- Optional: Vlieseline H200: 50 cm

ZUSCHNITT

Aus Oberstoff
- 1x Deckel-/Bodenteil: 22 cm x 62 cm
- 1x Seitenteil oben: 62 cm x 8,5 cm
- 1x Seitenteil unten: 62 cm x 15 cm

Aus Futterstoff
- 1x Deckel-/Bodenteil: 22 cm x 62 cm
- 1x Seitenteil oben: 62 cm x 8,5 cm
- 1x Seitenteil unten: 62 cm x 15 cm

Aus Style-Vil
- 1x Deckel-/Bodenteil: 24 cm x 64 cm
- 1x Seitenteil oben: 64 cm x 10,5 cm
- 1x Seitenteil unten: 64 cm x 17 cm

Aus Vlieseline H200 (optional)
- 1x Deckel-/Bodenteil: 24 cm x 64 cm
- 1x Seitenteil oben: 64 cm x 10,5 cm
- 1x Seitenteil unten: 64 cm x 17 cm

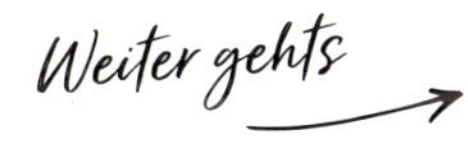

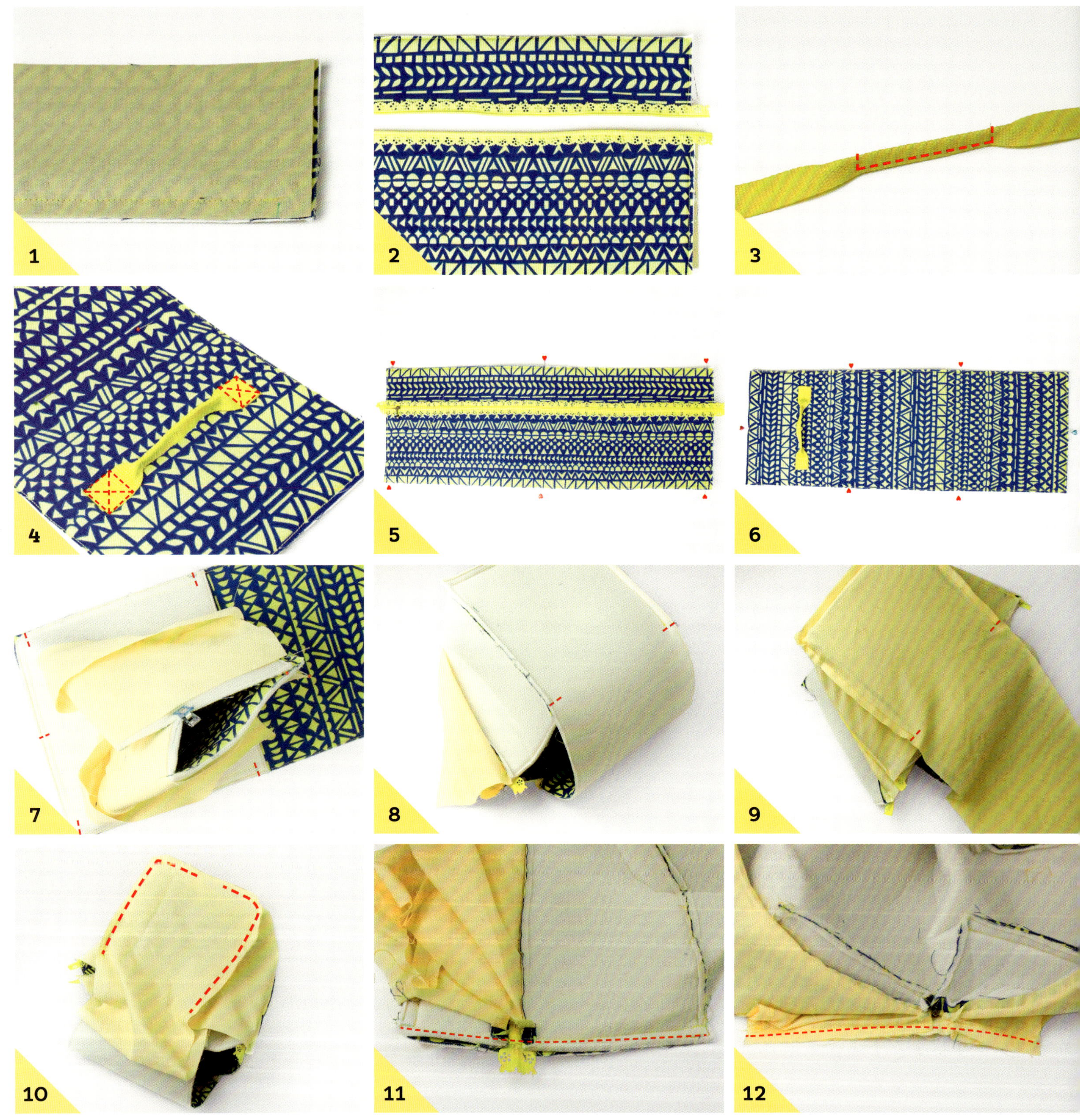
1
2
3
4
5
6
7
8
9
10
11
12

ANLEITUNG

Stecke die Schnittteile aus Oberstoff mit Spannung auf die entsprechenden Teile aus Style-Vil und nähe sie knappkantig darauf fest. Schneide dann das Style-Vil auf die Größe der Schnittteile aus Oberstoff zurück.

Bei dünnen Baumwollstoffen verstärkst du die Teile aus Futterstoff zusätzlich mit Vlieseline H200.

Seitenteile mit Reißverschluss nähen

1. Lege die Schnittteile „Seitenteil oben" aus Ober- und Futterstoff rechts auf rechts zusammen. Setze am rechten und linken Rand der Unterkante jeweils eine Markierung bei 1,5 cm. Nähe die Teile nun von Markierung zu Markierung zusammen. Die Schnittteile „Seitenteil unten" nähst du ebenso zusammen, nur dass sie an der Oberkante zusammengenäht werden.

2. Schneide die Nahtzugaben auf ca. 5 mm zurück und lege die Seitenteile jeweils rechts auf rechts zusammen. Teile den Spitzen-Endlos-Reißverschluss und stecke jeweils eine Seite links auf rechts an die eben genähte Ober- bzw. Unterkante der Seitenteile. Achte darauf, dass die Zähnchen des Reißverschlusses knapp über die Kante herausschauen. Nähe die Reißverschlussteile knappkantig an. Auch hier lässt du zu dem linken bzw. rechten Rand 1,5 cm frei. Fädle den Schieber, wie auf Seite 20 beschrieben, auf. Verriegle die Enden des Reißverschlusses, indem du ein paarmal darübernähst.

Henkel nähen

3. Falte das Gurtband längs und nähe es mittig 8 cm zusammen.

4. Klappe die Enden des Gurtbands 2 cm ein und stecke es 9 cm von der vorderen Kante und jeweils 3 cm von der linken bzw. rechten Kante auf das Schnittteil „Deckel-/Bodenteil" und nähe sie in einem Rechteck und über Kreuz auf.

Seitenteil an Deckel-/Bodenteil nähen

5. Markiere auf den Seitenteilen die Mitte und die Nahtzugaben von jeweils 1 cm (siehe Position der Nadeln auf dem Bild). Knipse dir diese Markierungen mit einer Schere auf Ober- und Futterstoff innerhalb der Nahtzugaben ein.

6. Auf dem Deckel-/Bodenteil aus Ober- und Futterstoff markierst du ebenfalls die Mitte des Deckels bzw. Bodens. Setze an den langen Seiten oben und unten jeweils eine Markierung 20 cm vom linken und rechten Rand entfernt und knipse auch diese mit einer Schere ein (siehe Position der Nadeln auf dem Bild).

7. Stecke nun das Seitenteil aus Oberstoff mit der Oberkante rechts auf rechts an den Deckel aus Oberstoff. Die Markierungen der Mitte und an den Seiten treffen aufeinander. Nähe nun von Markierung zu Markierung. Die Ecken des Deckels schauen etwas über den Rand hinaus und werden automatisch etwas rund genäht. Achte darauf, dass du nicht aus Versehen den Futterstoff festnähst. Das Seitenteil liegt beim Nähen oben.

8. Klappe nun den Boden nach oben und stecke ihn ebenfalls auf die Unterkante des Seitenteils, sodass wieder alle Markierungen aufeinandertreffen. Nähe von Markierung zu Markierung. Das Seitenteil liegt beim Nähen oben.

9. Öffne den Reißverschluss ca. zur Hälfte. Stecke nun das Deckel-/Bodenteil aus Futterstoff rechts auf rechts an die Oberkante des Seitenteils aus Futterstoff. Auch hier treffen alle Markierungen aufeinander und es wird genäht wie in den Schritten zuvor.

10. Wende nun die Box, indem du in die Box hineingreifst und das Teil aus Oberstoff herausziehst. Jetzt liegt der Futterstoff außen. Dann steckst du die andere Seite des Deckel-/Bodenteils auf die Unterkante des Seitenteils, indem wieder alle Markierungen zusammentreffen. Nähe es ebenfalls von Markierung zu Markierung zusammen, lasse aber an der Vorderseite (mittige Markierung) eine ausreichend große Wendeöffnung.

Seiten zusammennähen

11. Lege nun die Seiten des Oberstoffs rechts auf rechts zusammen und nähe knapp am Reißverschluss entlang. Am besten geht das mit dem Reißverschlussfüßchen. Nähe auf dem Reißverschluss mehrfach vor und zurück, damit er später nicht ausreißen kann.

12. Nun werden noch die Seiten aus Futterstoff rechts auf rechts zusammengenäht. Alle Nahtzugaben auf 5 mm zurückschneiden. Wende deine Aufbewahrungsbox durch die Wendeöffnung, forme alle Ecken aus und schließe die Öffnung mit einer knappkantigen Naht.

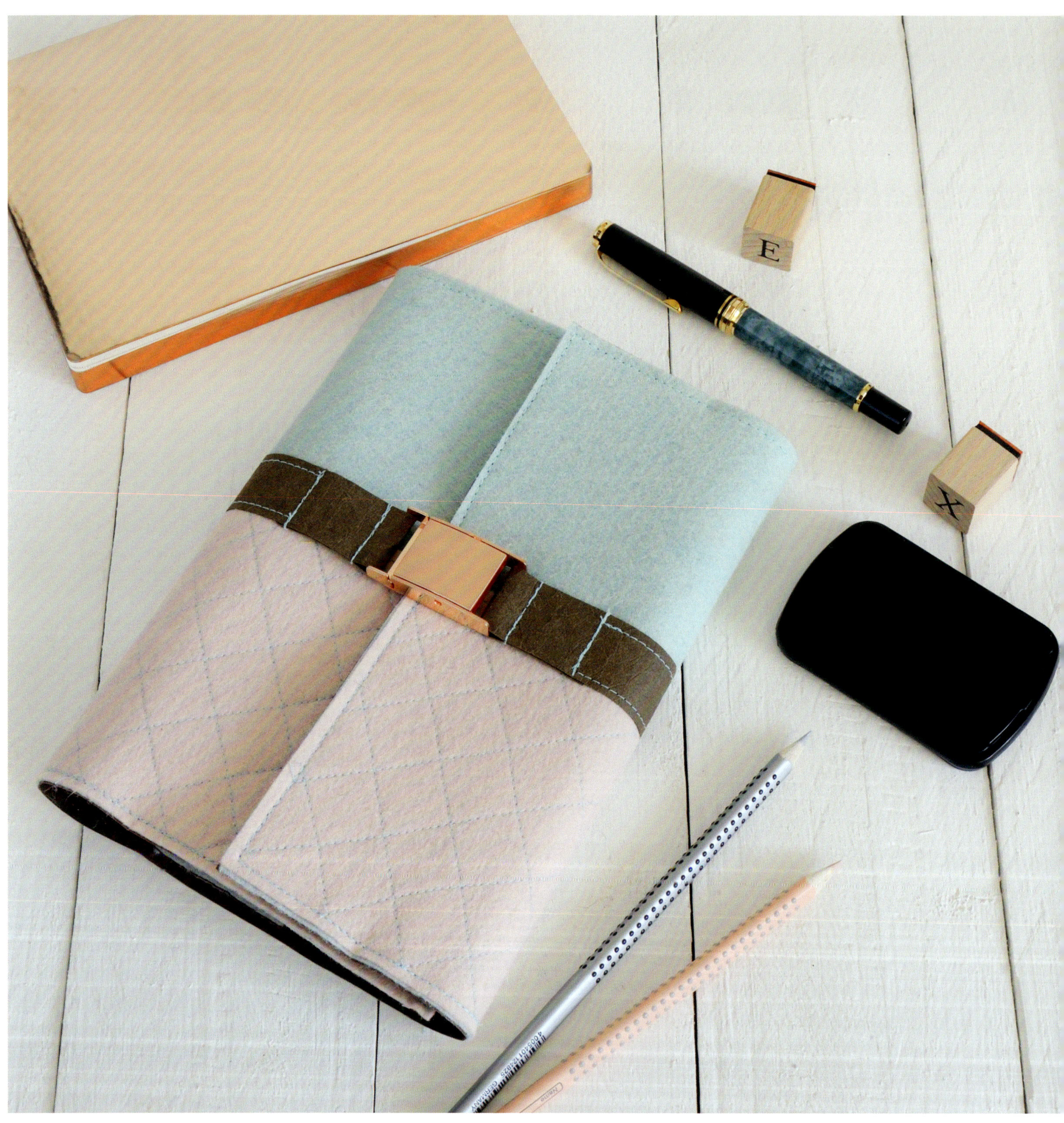
E
X

NOTIZBUCH-ORGANIZER

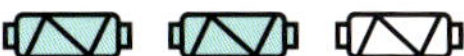

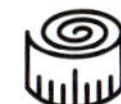

Maße: 16,5 cm x 23 cm

Mit diesem Organizer hast du dein Notizbuch oder Kalender, Schreibutensilien und deine Visitenkarten immer parat. Je nach Stoffwahl kannst du diese kleine Mappe bürotauglich oder fürs Atelier nähen. Auch Schüler und Studenten können den Ordnungshelfer sicher gut brauchen und freuen sich über das Geschenk.

MATERIAL

- Oberstoff: Filz in Mint, mind. 1 mm max. 2 mm dick: 50 cm x 70 cm
- Kontraststoff: Filz in Rosa, mind. 1 mm max. 2 mm dick: 50 cm x 30 cm
- SnapPap plus in Dunkelbraun: 50 cm x 30 cm
- Steckschnalle in Kupfer für 2,5 cm breites Gurtband

ZUSCHNITT

Aus Oberstoff

- 1x Außenteil: 43 cm x 23 cm
- 1x Einstecklasche A: 10 cm x 22 cm
- 1x Einstecklasche B: 5 cm x 22 cm
- 1x Steckfach: 9 cm x 7 cm

Aus Kontraststoff

- 1x Kontraststreifen: 53 cm x 11,5 cm
- 1x Stiftefach: 9 cm x 9 cm
- 1x Steckfach: 9 cm x 7 cm

Aus SnapPap plus

- 1x Innenteil: 43 cm x 23 cm
- 1x Gurt: 40 cm x 2,5 cm

Weiter gehts →

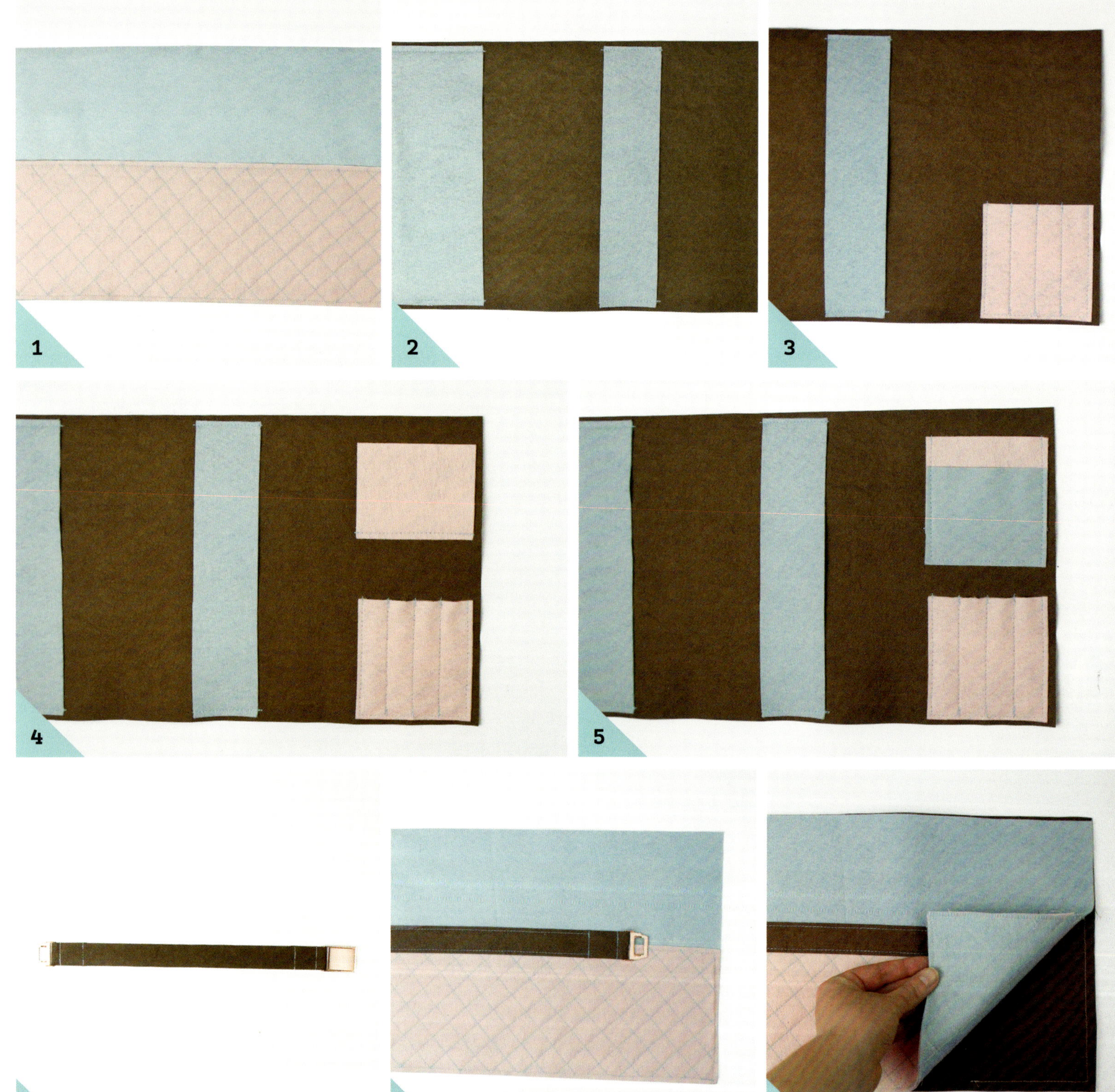
1
2
3
4
5
6
7
8

ANLEITUNG

Außenteil vorbereiten

1. Lege den Kontraststreifen bündig zur unteren Kante auf das Außenteil und steppe ihn ringsum knappkantig fest. Markiere dir nun im 45-Grad-Winkel mit einem selbstlöschenden Stift ein Rautenmuster und steppe diese Linien ab.

Innenteil vorbereiten

2. Fixiere die Einstecklasche A jeweils 5 mm vom oberen, unteren und linken Rand und Einstecklasche B 5 mm vom oberen und 21 mm vom linken Rand auf dem Innenteil. Steppe Einstecklasche A knappkantig an den drei äußeren Kanten und Einstecklasche B an der oberen und unteren Kante fest.

3. Fixiere das Stiftefach 5 mm vom unteren und rechten Rand und nähe es knappkantig auf. Die obere Kante bleibt ungenäht. Nähe noch im Abstand von 2 cm drei Unterteilungen, bei 2 mm dickem Filz zwei Unterteilungen.

4. Lege das Steckfach aus rosa Filz 2 cm von der oberen und 5 mm von der rechten Kante auf das Innenteil und nähe die untere Kante knappkantig fest.

5. Nun wird das Steckfach aus mintfarbenem Filz 2 cm von der oberen Kante des ersten Steckfachs fixiert und die Seiten beider Fächer und der Boden des zweiten Steckfachs werden in einem Arbeitsgang knappkantig abgesteppt.

Gurt mit Steckschnalle nähen

6. Fädle die zwei Teile der Steckschnalle auf den Streifen aus SnapPap und klappe ihn 4 cm auf die linke Seite um. Nähe nun jeweils knapp neben den Schnallenteilen und noch einmal ca 3,5 cm von der Schnalle entfernt eine Naht, um den umgeklappten Teil des Gurts zu fixieren.

Gurt auf Außenteil nähen

7. Klebe auf die linke Seite des Gurts mittig einen Streifen Wondertape und fixiere ihn mittig auf der Kante von Außenteil und Kontraststreifen sowie 9 cm von der rechten Kante. Gemessen wird hier ab dem Steg des Steckschnallenteils, durch den der Gurt gefädelt wurde. Nähe nun knappkantig von den inneren Steppkanten des Gurts ein Rechteck – die inneren Steppkanten werden dabei noch einmal mitgenäht.

8. Lege nun das Außenteil links auf links auf das Innenteil. Um es genau zu positionieren, ist es ratsam, die linke Seite des Innenteils mit Sprühkleber zu versehen und das Außenteil daraufzukleben. Steppe beide Teile ringsum knappkantig zusammen.

TIPP

Anstelle von SnapPap und Filz kannst du auch andere Materialien verwenden, die offenkantig vernäht werden können; z. B. Kunstleder oder Korkstoff.

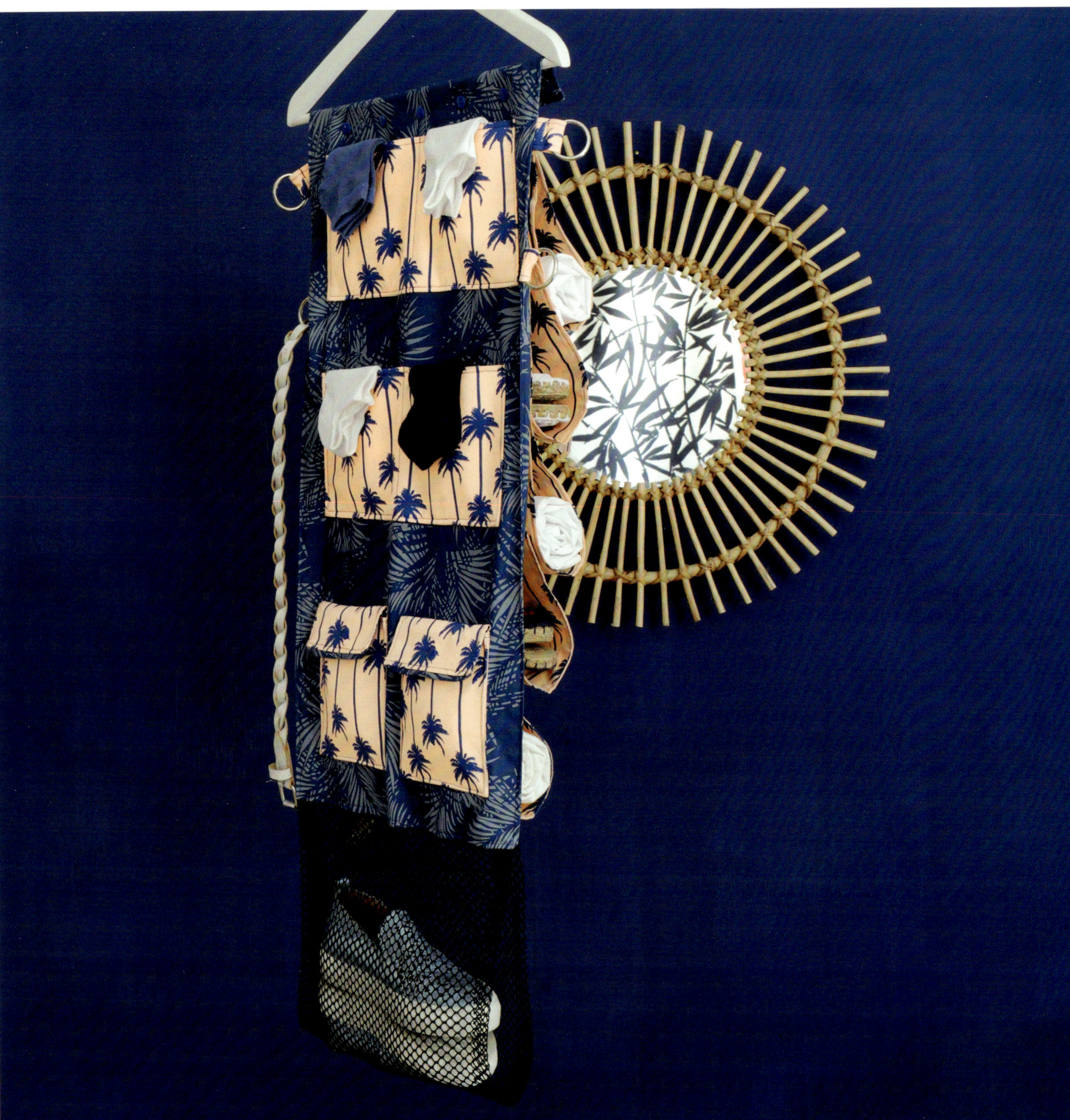

KLEIDERSCHRANK-ORGANIZER

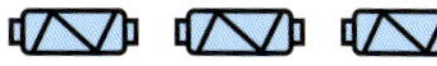

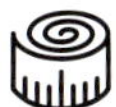

Maße: 36 cm x 92 cm

Mit diesem Organizer herrscht klare Ordnung in deinem Kleiderschrank. Kleinkram kommt in die Steckfächer und Taschen, Tücher oder Gürtel hängst du an den Ringen auf und in den Schlauchfächern finden auch größere Dinge Platz. Selbst ein Paar Schuhe kannst du in dem unteren Fach aus Mesh verstauen.

MATERIAL

Der Stoffverbrauch bezieht sich auf eine Stoffbreite von 145 cm. Im Schnittmuster ist bereits 1 cm Nahtzugabe enthalten.

- Oberstoff 1: fester Baumwollstoff, 1 m
- Oberstoff 2: fester Baumwollstoff, 2 m
- Mesh: 41 cm x 50 cm
- Vlieseline H200: 35 cm
- 4 Rundringe (Ø 30 mm)
- 7 Druckknöpfe oder Kam Snaps
- Hosen-Kleiderbügel

ZUSCHNITT

Aus Oberstoff 1
- 2 x Grundteil: 39 cm x 77 cm
- 2 x aufgesetzte Tasche, Innentasche: 16 cm x 32 cm
- 2 x aufgesetzte Tasche, Klappe innen: 16 cm x 8 cm
- optional: 2 x falsche Paspel für Taschenklappe: 16 cm x 3 cm

Aus Oberstoff 2
- 2 x aufgesetzte Tasche, Außentasche: 16 cm x 32 cm
- 2 x aufgesetzte Tasche, Klappe außen
- 2 x Steckfach: 33 cm x 32 cm
- 5 x Schlauchfach: 62 cm x 47 cm
- 4 x Schlaufen für Ringe: 12 cm x 8 cm

Aus Mesh
- 1 x Schuhfach: 41 cm x 50 cm
- Aus Vlieseline H200: 2 x Steckfach: 33 cm x 32 cm

Weiter gehts →

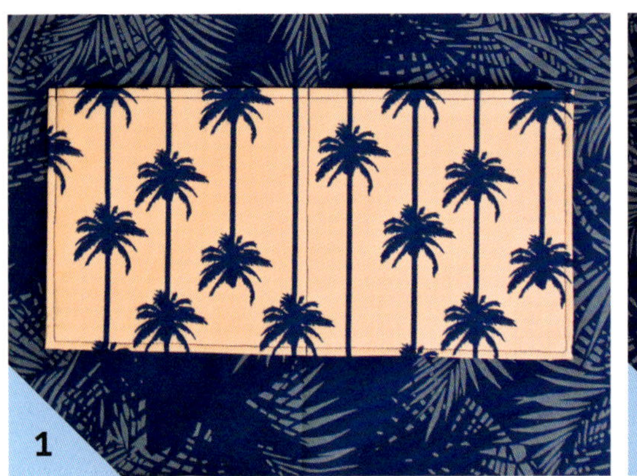
1

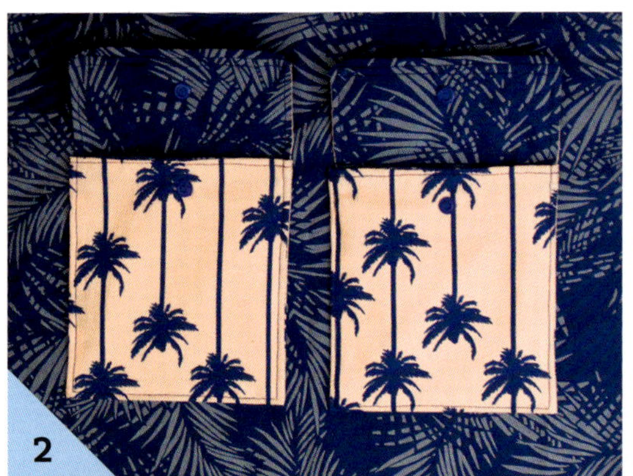
2

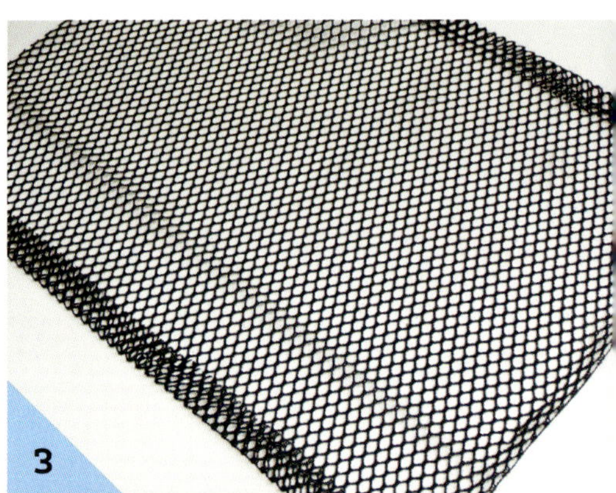
3

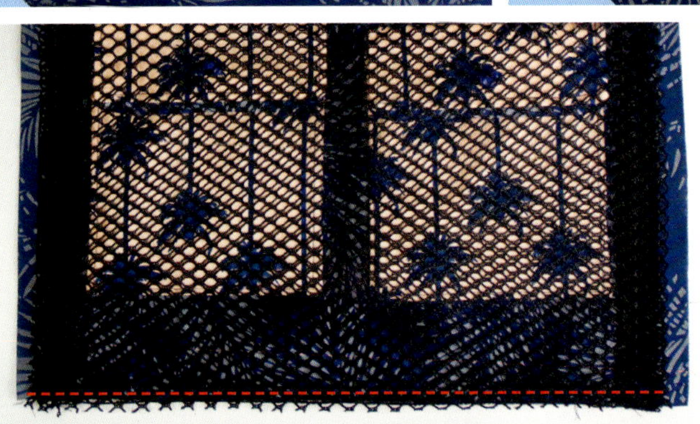
4

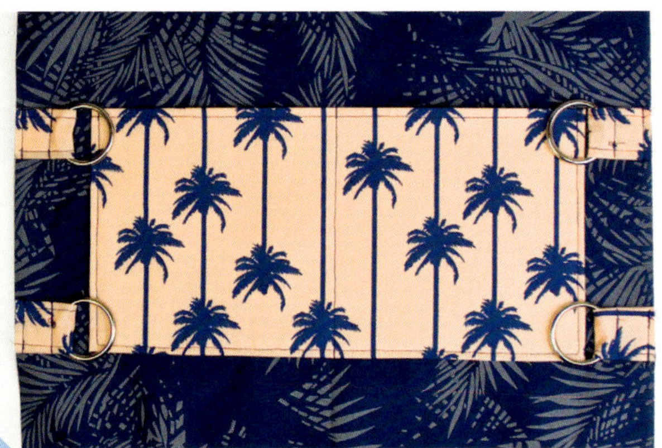
5

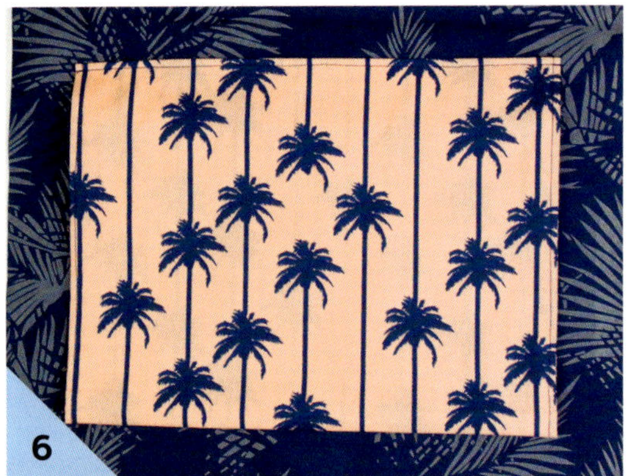
6

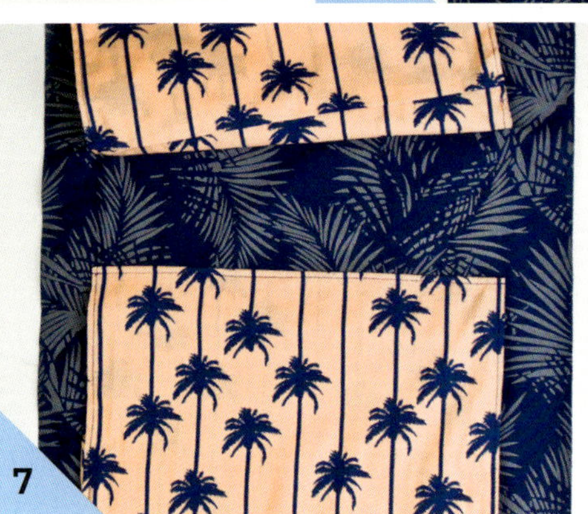
7

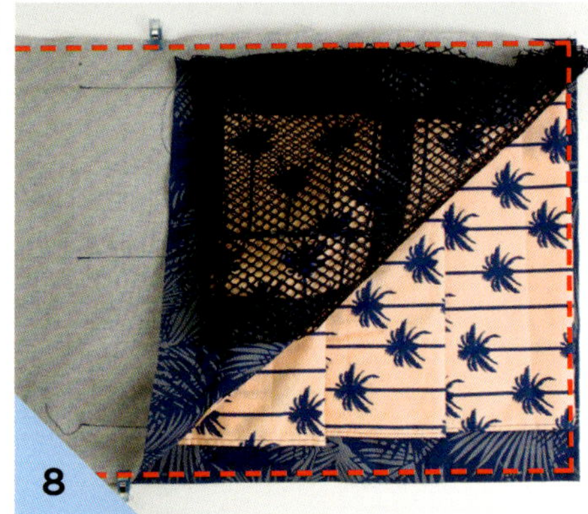
8

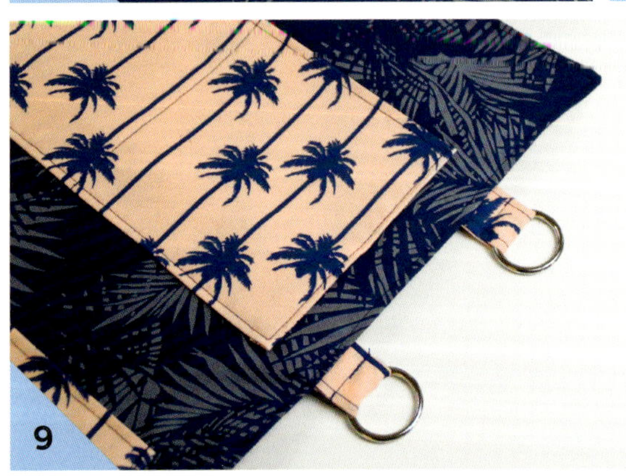
9

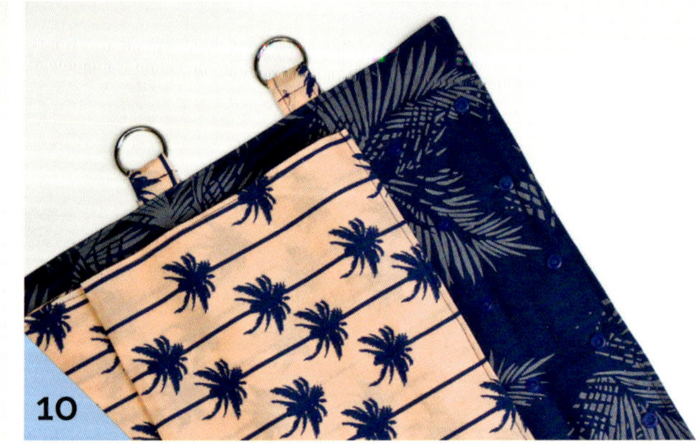
10

ANLEITUNG

Steckfächer und Taschen auf Vorderseite nähen

1. Bereite die beiden Steckfächer vor, wie es auf Seite 19 beschrieben wird, und nähe sie mittig jeweils 11 cm und 32 cm von der oberen Kante auf das Grundteil.

2. Nähe die beiden aufgesetzten Taschen mit Verschlussklappe, wie auf Seite 28 beschrieben. Fixiere sie mit geöffneter Klappe 6 cm von der unteren und 4,5 cm von der linken bzw. rechten Kante. Die Taschen schließen bündig mit den linken bzw. rechten Kanten der Steckfächer ab. Nähe nun die Taschen an der linken, unteren und rechten Kante knappkantig auf das Grundteil. Nähe außerdem eine Naht knapp neben der oberen Kante der Taschenöffnung und fixiere so die Taschenklappe am Grundteil.

Schuhfach nähen und anbringen

3. Klappe die langen Kanten des Schuhfachs aus Mesh jeweils 2 cm nach innen und steppe die Säume fest.

4. Falte das Fach links auf links zusammen und lege es mit den beiden offenen Kanten nach unten an die untere Seite des Grundteils. Knappkantig feststeppen.

Ringe anbringen

5. Nähe die Schlaufen für die Rundringe, wie auf Seite 26 beschrieben, fädle sie durch die Ringe und positioniere jeweils zwei davon bündig zur oberen bzw. unteren Kante des oberen Steckfachs. Die Ringe zeigen nach innen. Knappkantig festnähen.

Schlauchfächer anbringen

6. Nun werden die fünf Schlauchfächer angenäht. Fertige diese, wie es in der Anleitung auf Seite 18 beschrieben wird. Das erste Fach fixierst du mittig und 11 cm von der oberen Kante des zweiten Grundteils. Achte darauf, dass die Naht des Schlauchfachs auf der Rückseite liegt. Knappkantig annähen.

7. Positioniere das nächste Schlauchfach 10,5 cm von der oberen Kante des ersten Fachs und nähe es knappkantig am Grundteil fest. Die restlichen Fächer ebenso annähen.

8. Lege die beiden Grundteile mit den Fächern rechts auf rechts und nähe sie bis auf eine Wendeöffnung an der oberen Kante zusammen. Achte darauf, an den Seitennähten die Schlauchfächer und das Schuhfach nicht mit einzunähen.

9. Schräge die Ecken der Nahtzugaben bis kurz vor die Naht ab, wende den Organizer und forme die Ecken aus. Schlage die Nahtzugaben der Wendeöffnung nach innen und bügle die Kanten. Steppe diese noch einmal knappkantig ab und verschließe damit gleichzeitig die Wendeöffnung.

10. Bringe nun noch in gleichmäßigen Abständen fünf Kam-Snap-Druckknöpfe im oberen Bereich des Organizers an. Falte dafür die Kante so, dass sie bündig mit der oberen Kante des ersten Steckfachs abschließt und positioniere die Knöpfe 2 cm von der unteren Kante des umgeschlagenen Bereichs.

Am Bügel befestigen.

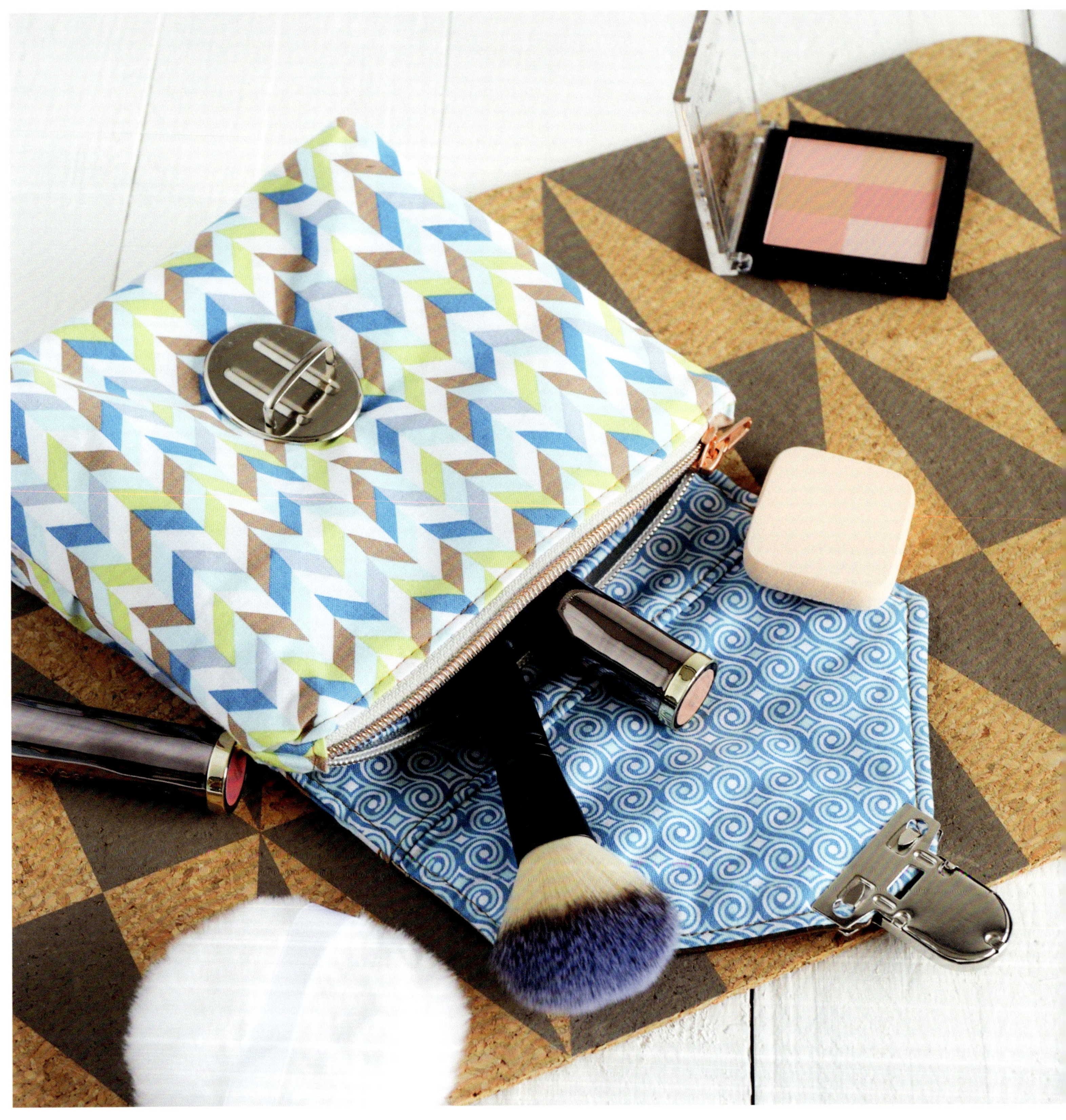

KOSMETIKTASCHE MIT PINSELFACH

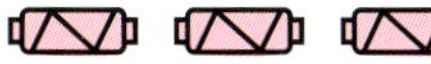

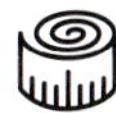

Maße: 16 cm x 17 cm x 6 cm

Mit dieser Kosmetiktasche hast du alle wichtigen Make-up-Utensilien jederzeit dabei. Im Reißverschlussfach verstaust du Lippenstift, Puder und Co und im angesetzten Pinselfach kannst du all deine Make-up-Pinsel unterbringen. Hier lassen sich deine verschiedenen Lieblingsstoffe perfekt miteinander kombinieren.

MATERIAL

Der Stoffverbrauch bezieht sich auf eine Stoffbreite von 110 cm. Im Schnittmuster ist bereits 1 cm Nahtzugabe enthalten.

- Oberstoff: Baumwolle, 30 cm
- Futterstoff: Baumwolle, 30 cm
- Kunstleder in Kupfer: 19 cm x 13 cm
- Vlieseline H630: 50 cm
- Vlieseline H200: 50 cm
- Endlos-Reißverschluss in Kupfer metallisiert mit Schieber, 3,5 cm breit: 21 cm
- Steckschloss 42 mm x 45 mm
- Gummiband: 38 cm

ZUSCHNITT

Aus Oberstoff
- 2 x Außentasche*
- 1 x Pinselfach: 19 cm x 23 cm
- 2 x Reißverschluss-Endstücke: 6 cm x 3,5 cm

Aus Futterstoff
- 2 x Innentasche*
- 1 x Pinselfach: 19 cm x 23 cm
- 1 x Klappe*

Aus Kunstleder
- 1 x Klappe*

Aus Vlieseline H630
- 2 x Innentasche*
- 1 x Klappe*
- 1 x Pinselfach: 19 cm x 23 cm

Aus Vlieseline H200
- 2 x Außentasche*
- 1 x Pinselfach: 19 cm x 23 cm

**im Schnittmusterbogen enthalten*

Bereite alle Schnittteile vor und bügle die Vlieseline auf die linke Stoffseite der entsprechenden Schnittteile.

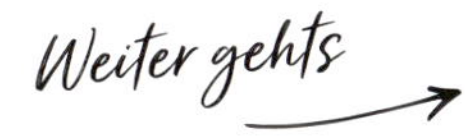

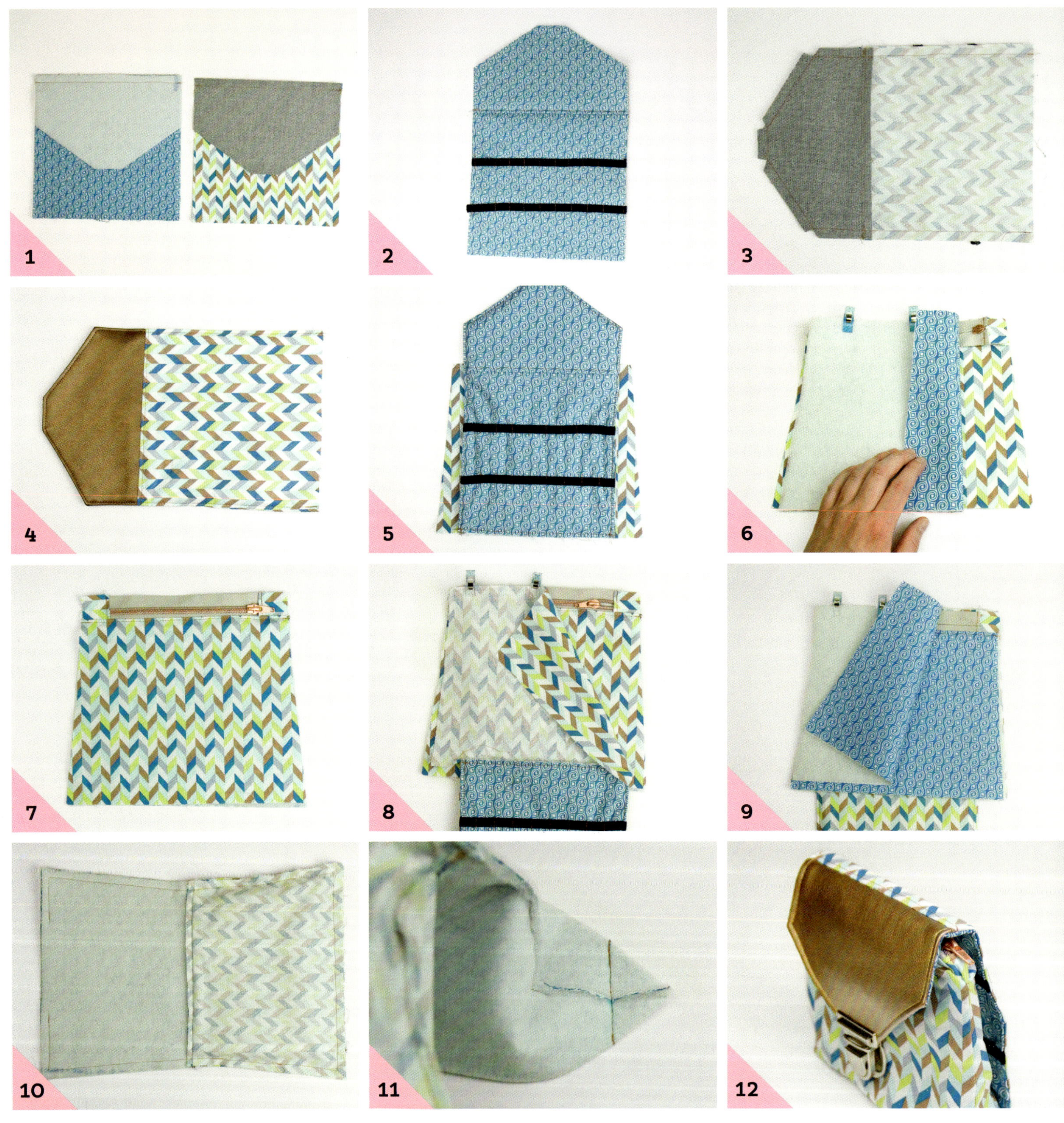
1
2
3
4
5
6
7
8
9
10
11
12

ANLEITUNG

Klappe mit Pinselfach nähen

1. Fixiere die Klappe aus Kunstleder rechts auf rechts auf dem Schnittteil „Pinselfach" aus Oberstoff und nähe sie zusammen. Klappe die Nahtzugaben in Richtung des Pinselfachs und steppe sie knappkantig von der rechten Stoffseite fest. Ebenso die Klappe und das Pinselfach aus Futterstoff zusammennähen. Die Nahtzugabe in Richtung der Klappe legen und von der rechten Stoffseite feststeppen.

2. Schneide das Gummiband in 19 cm lange Stücke und fixiere sie jeweils 6 cm und 12 cm von der oberen Steppkante des Pinselfachs aus Futterstoff. Knappkantig festnähen. Markiere dir nun die Unterteilungen auf den Gummibändern und nähe diese. Am linken und rechten Rand sind sie 3 cm breit, die restlichen sind 2 cm breit.

3. Lege die Teile des Pinselfachs rechts auf rechts zusammen. Die untere Seite bleibt ungenäht. Schneide die Nahtzugaben an den Ecken bis kurz vor die Naht v-förmig ein.

4. Wende das Pinselfach, forme die Ecken der Klappe gut aus und steppe die Kanten knappkantig ab.

5. Lege das Pinselfach mittig rechts auf rechts an die untere Kante eines Außentaschenteils und nähe sie an der unteren Kante knappkantig zusammen.

Kosmetiktasche nähen

Bereite den Reißverschluss vor. Wie du einen Endlos-Reißverschluss auffädelst, findest du auf Seite 20, und wie die Endstücke angebracht werden auf Seite 17.

6. Lege den Reißverschluss rechts auf rechts an die obere Kante eines Außentaschenteils. Darauf positionierst du mit der rechten Stoffseite nach unten ein Innentaschenteil. Die oberen Kanten schließen bündig ab, der Reißverschluss liegt zwischen Außen- und Innentaschenteil. Mit einem Reißverschlussfüßchen zusammennähen. Wenn du am Schieber angekommen bist, versenke die Nadel im Stoff, hebe das Füßchen, ziehe den Schieber am Füßchen vorbei, senke dieses wieder und nähe weiter.

7. Klappe Außen- und Innentaschenteil links auf links, bügle die eben genähte Kante und steppe diese noch einmal knappkantig ab.

8. Nun fixierst du das zweite Außentaschenteil mit dem angenähten Pinselfach rechts auf rechts an die obere Kante des Reißverschlusses. Das Pinselfach klappst du nach unten weg.

9. Wende die Taschenteile und stecke auf der anderen Seite das zweite Innentaschenteil rechts auf rechts fest und nähe die Kante. Klappe Außen- und Innentaschenteil links auf links, bügle die eben genähte Kante und steppe diese noch einmal knappkantig ab.

10. Lege nun jeweils die Innen- und die Außentaschenteile rechts auf rechts aufeinander. Achte darauf, dass das Pinselfach im Inneren der Tasche ist und nicht mit festgenäht wird. Der Reißverschluss ist komplett geöffnet. Nähe nun einmal alles ringsum mit einer Nahtzugabe von 1 cm zusammen, wobei du am Boden der Futtertasche eine 10 cm große Wendeöffnung lässt. Nahtzugaben auf 3 mm vor die Naht zurückschneiden.

Taschenboden nähen

11. Nun wird der Taschenboden genäht. Dafür die Ecken so falten, dass die Seiten- und die Bodennaht genau aufeinandertreffen. Im Abstand von 3 cm zur Ecke zeichnest du dir eine Linie und nähst sie quer ab. Die Ecke knapp neben der Naht abschneiden.

Verschluss anbringen

12. Wende die Tasche, forme die Ecken gut aus und stecke die Innen- in die Außentasche. Bringe nun ein Mappenschloss an, wie es auf Seite 16 gezeigt wird. Achte darauf, dass die obere Kante der Klappe aus Kunstleder in Höhe der vorderen Kante des Reißverschlusses sitzt. Schließe die Wendeöffnung mit einer knappkantigen Naht.

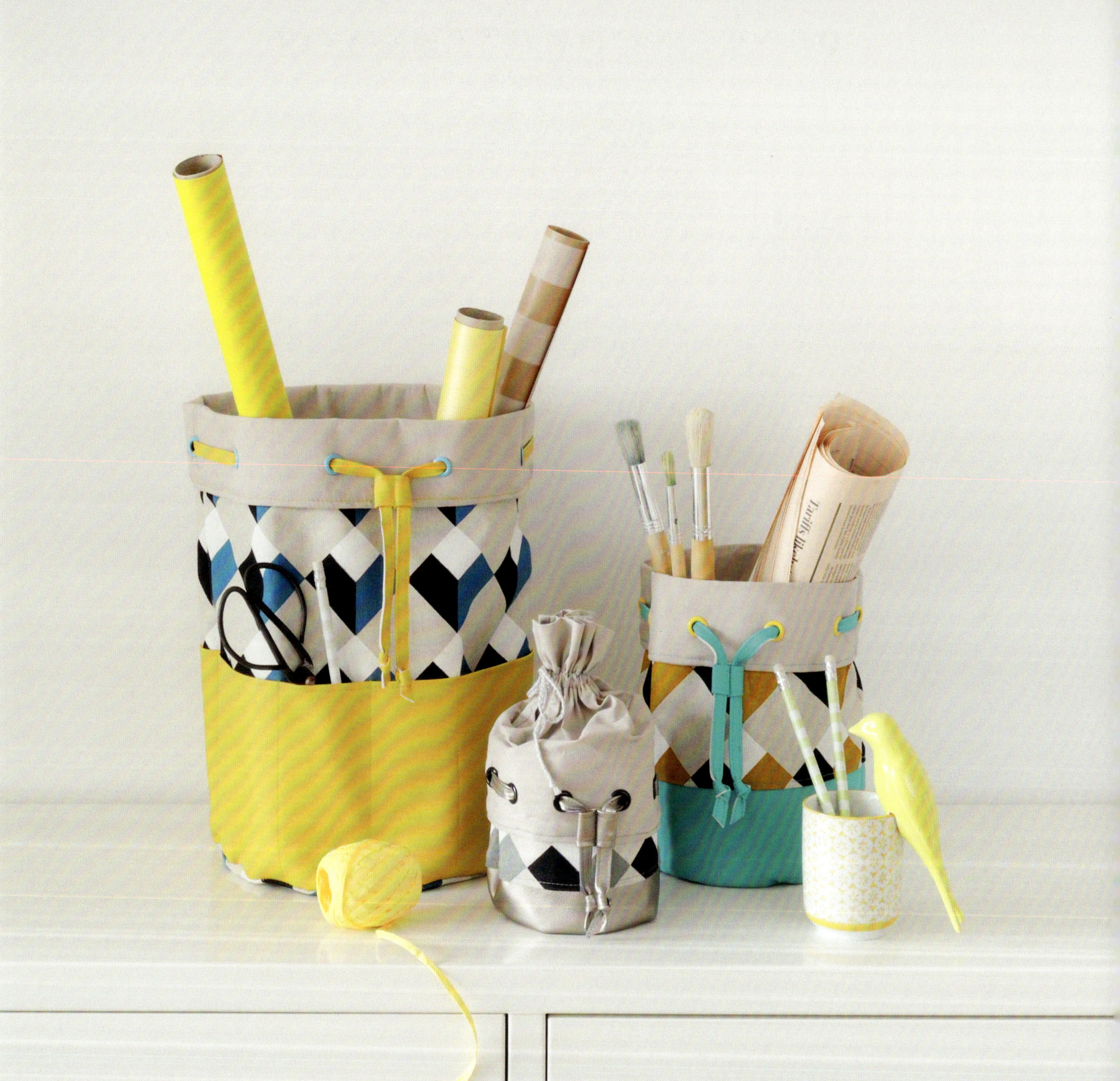

PRAKTISCHE UTENSILOS

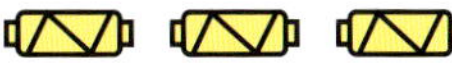

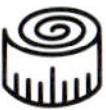

Maße: Größe L: Höhe 35 cm, Ø 25 cm
Größe M: Höhe 22 cm, Ø 15 cm
Größe S: Höhe 12 cm, Ø 10 cm

Utensilos sind wahre Allround-Talente. Dieses Trio ist mit Steck- und Reißverschlussfächern sowie einem Kordelzug ausgestattet. In den drei Größen findet so alles im Haushalt seinen Platz. In passender Größe selbst genäht gibt ein Utensilo auch eine wunderschöne und nachhaltige Geschenkverpackung ab.

MATERIAL

Der Stoffverbrauch bezieht sich auf eine Stoffbreite von 110 cm. Im Schnittmuster ist bereits 1 cm Nahtzugabe enthalten. Die Verstärkung aus Decovil I Light wird auf die Außenteile aufgebügelt.

- Oberstoff (Canvas): 1 m – Größe L, 40 cm – Größe M, 30 cm – Größe S
- Futterstoff: 1 m – Größe L, 40 cm – Größe M, 50 cm – Größe S
- Kunstleder : 50 x 70 cm – Größe L, 60 cm x 15 cm – Größe M, 45 cm x 10 cm – Größe S
- Decovil I Light 1 m – Größe L, 40 cm – Größe M, 50 cm – Größe S
- Ösen (8 mm Durchmesser): jeweils 10 pro Utensilo
- Dünne Kordel für Größe S: 30 cm
- Endlos-Reißverschluss mit Schieber für Größe L: 25 cm

ZUSCHNITT

Aus Oberstoff

- 2 x Außenteil Größe L: 41,25 x 42 cm
- 2 x Außenteil oben Größe M: 28,7 cm x 22 cm
- 2 x Außenteil oben Größe S: 20,85 cm x 18 cm
- 1 x Steckfach innen: 41,25 cm x 52 cm
- 1 x Boden Größe L*

Aus Futterstoff

- 2 x Innenteil Größe L: 41,25 x 42 cm
- 2 x Innenteil Größe M: 28,7 x 30 cm
- 2 x Innenteil oben Größe S: 20,85 cm x 12 cm
- 2 x Innenteil unten Größe S: 20,85 cm x 10 cm
- 2 x Reißverschlussfach Größe L: 25 x 25 cm
- 1 x Tunnelzug Größe S: 41,7 cm x 18 cm
- 1 x Boden Größe S, M, L*

Aus Kunstleder:

- 2 x Steckfach außen – Größe L: 41,25 cm x 32 cm
- 2 x Außenteil unten Größe M: 28,7 cm x 10 cm
- 2 x Außenteil unten Größe S: 20,85 cm x 6 cm
- 1 x Zierstreifen Größe L: 150 cm x 2,5 cm
- 1 x Zierstreifen Größe M: 100 cm x 2,5 cm
- 1 x Zierstreifen Größe S: 70 cm x 2,5 cm
- 1 x Boden Größe S, M

Aus Decovil I Light

- 2 x Außenteil Größe L: 41,25 cm x 42 cm; 2 x Außenteil oben Größe M: 28,7 cm x 22 cm, 2 x Außenteil oben Größe S: 20,85 cm x 18 cm
- 1 x Boden Größe L*

** Im Schnittmusterbogen enthalten*

Weiter gehts →

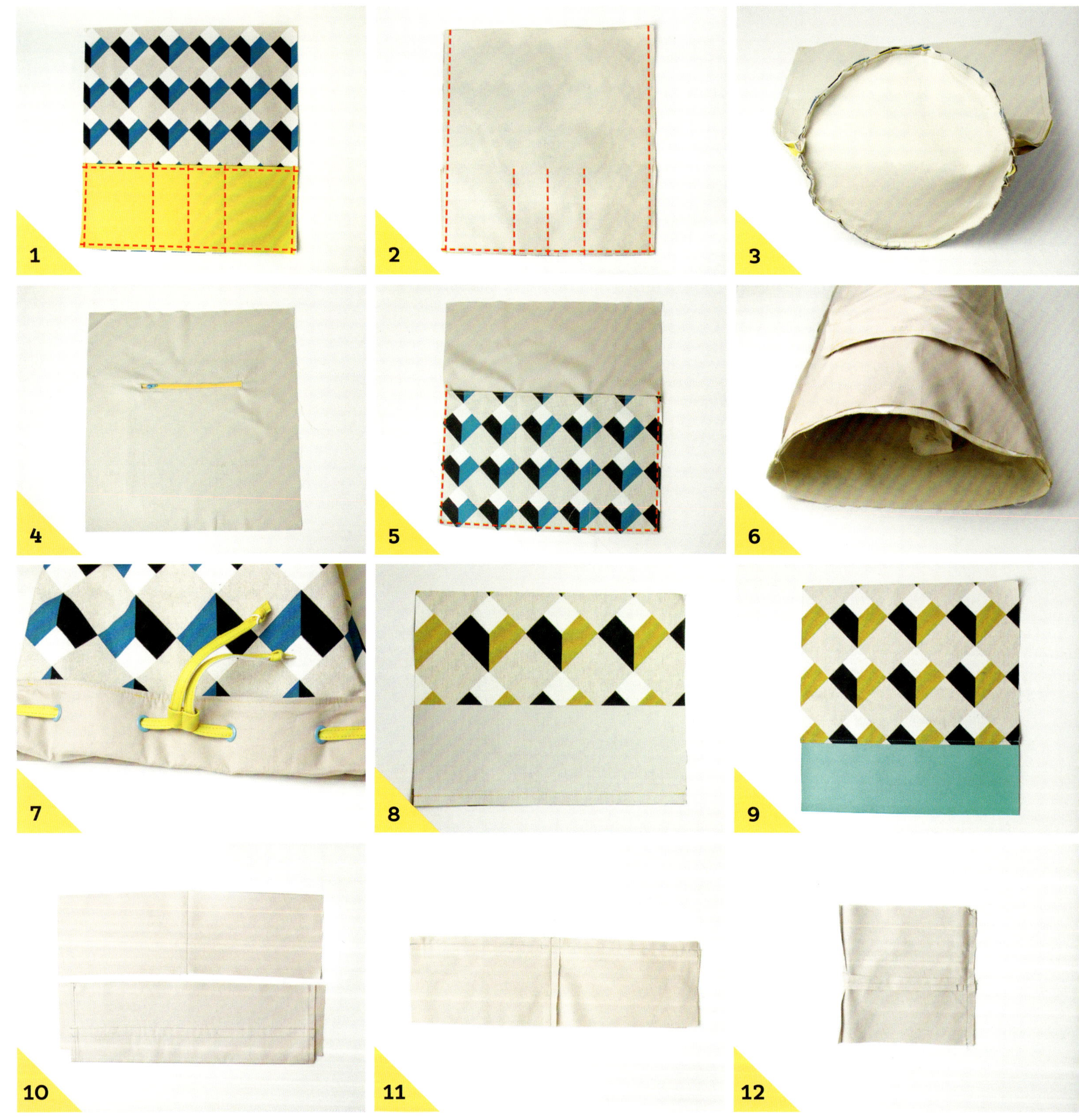

1
2
3
4
5
6
7
8
9
10
11
12

ANLEITUNG

Größe L

1. Lege die Schnittteile der Außenfächer aus Kunstleder links auf links zusammen und steppe die Bruchkanten knappkantig ab. Lege jeweils ein Steckfach auf ein Außenteil und nähe die Unterteilungen wie folgt: miss jeweils von der linken und rechten Kante 13 cm und dann noch einmal die Mitte des Steckfachs für die mittlere Naht. Mit jeweils einer Linie markieren und vom Boden aus zur Bruchkante des Steckfachs abnähen. Beim zweiten Außenteil wiederholen. Nahtzugaben auf ca. 3 zurückschneiden, wenden und Rundung am Boden ausformen.

2. Lege die Außenteile rechts auf rechts zusammen und nähe die Seitenkanten zusammen.

3. Markiere die vordere und hintere Mitte des Außenteils und stecke nun das Bodenteil gleichmäßig an die untere Kante. Knipse am Bodenteil beachten. Nahtzugaben des Bodenteils gleichmäßig innerhalb der Nahtzugabe einschneiden. So lässt sich die Rundung besser nähen. Bodenteil annähen. Außenteil wenden.

4. Nähe ein Reißverschlussfach 10 cm von der oberen Kante in ein Innenteil ein. Eine Anleitung dazu findest du im Grundlagenteil auf Seite 21.

5. Auf das andere Innenteil nähst du ein Steckfach knappkantig auf. Das Steckfach nähst du wie das Steckfach auf dem Außenteil. Setze mittig noch eine senkrechte Unterteilungsnaht, wenn du möchtest. Nähe das Innenteil nun wie das Außenteil zusammen.

6. Stecke das Außenteil rechts auf rechts in das Innenteil und nähe die obere Kante, bis auf eine Wendeöffnung von 28 cm, zusammen. Wenden, Nahtzugabe der Wendeöffnung nach innen schlagen, Kante bügeln und knappkantig absteppen.

7. Schlage die obere Kante um 6 cm zu einer Krempe um. Markiere dir die vordere Mitte der Krempe mit einer Nadel und setze im Abstand von jeweils 3,9 cm links und rechts zur Nadel und mit 3 cm Abstand zur oberen Kante die ersten Markierungspunkte für die Ösen. Verteile dann im Abstand von 7,8 cm ringsum die weiteren Punkte für die Ösen. Gehe dabei immer von der vorderen Mitte aus. Wenn die Markierungen gesetzt sind (insgesamt 14 Stück), die Ösen wie Seite 23 beschrieben anbringen. Fädle nun das Lederband ein, das du wie in der Anleitung auf Seite 26 genäht hast und ziehe den Kordelstopper (siehe Anleitung Seite 31) auf.

Utensilo Größe S

8. Für das Utensilo in Größe S legst du jeweils das „Außenteil unten" rechts auf rechts auf das „Außenteil oben" und nähst sie zusammen.

9. Klappe die Nahtzugaben auf der Rückseite nach oben und steppe sie knappkantig zur Naht ab. Nähe nun das Außenteil zusammen, wie es bei Größe L gezeigt wird. Nahtzugaben zurückschneiden, wenden, Rundung ausformen.

10. Nähe einen Tunnelzug aus dem Schnittteil „Tunnelzug", wie in der Anleitung auf Seite 25 gezeigt wird. Lege die Schnittteile „Innenteil oben" und „Innenteil unten" jeweils rechts auf rechts zusammen und schließe eine Seitennaht. Lege den Tunnelzug links auf rechts auf das Schnittteil „Innenteil unten".

11. Lege das Schnittteil „Innenteil oben" bündig rechts auf rechts darauf und nähe die Kante zusammen.

12. Lege das Innenteil rechts auf rechts zusammen und schließe die zweite Seitennaht. Nun nähst du noch den Boden an und fügst Innen- und Außenteil zusammen, wie bei Größe L gezeigt wird. Bringe die Ösen in einem Abstand von 7 cm an (siehe Schritt 7), ziehe das Kunstlederband durch und den Stopper auf. Fädle nun noch ein Band oder eine dünne Kordel durch den Tunnelzug.

Utensilo Größe M

Nähe die Außenteile wie in Schritt 8 und 9 bei Größe S zusammen. Schließe die Seitennähte und nähe den Boden an, wie in Schritt 3. Das Innenteil nähst du ebenso zusammen und stellst das Utensilo fertig, wie bei den vorherigen Größen beschrieben wurde. Bringe die Ösen in einem Abstand von 5,2 cm an (siehe Schritt 7), ziehe das Kunstlederband durch und den Stopper auf.

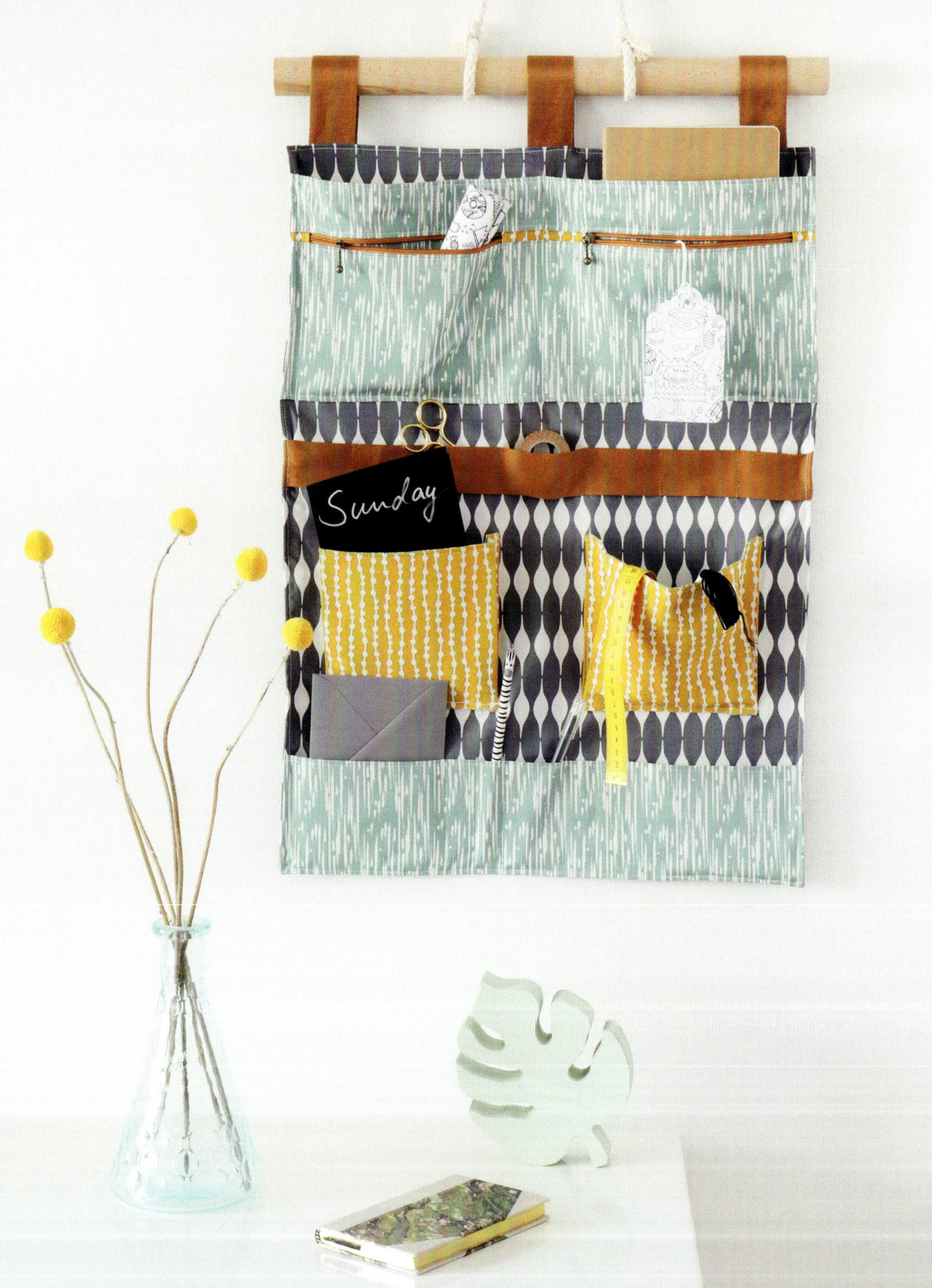
Sunday

WAND-UTENSILO

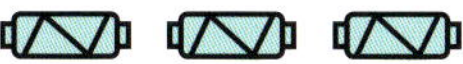

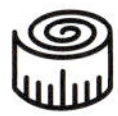

Maße: 45 cm x 60 cm

Du hast jede Menge Krimskrams, von dem du nicht trennen möchtest? Hier kommt der ideale Aufbewahrungsort: ein schickes Wand-Utensilo! Ob im Nähzimmer, im Flur oder neben dem Bett, in den vielen verschiedenen Fächern findet all der Schnickschnack Platz, den man gerne schnell zur Hand haben möchte.

MATERIAL

Der Stoffverbrauch bezieht sich auf eine Stoffbreite von 110 cm. Im Schnittmuster ist bereits 1 cm Nahtzugabe enthalten.

- Oberstoff 1: Baumwollstoff 50 cm
- Oberstoff 2: Baumwollstoff 50 cm
- Oberstoff 3: Baumwollstoff 1 m
- 2 Endlos-Reißverschlüsse inkl. Schieber (2,5 cm breit): je 22 cm
- Gurtband (4 cm breit), 110 cm
- Rundholz (3 cm Ø): 45 cm lang
- Kordel (1 cm dick): ca. 60 cm
- Vlieseline H200: 1 m
- Vlieseline H250: 1 m
- Optional: Decovil I Light: ca. 45 cm x 60 cm

ZUSCHNITT

Aus Oberstoff 1

- 1 x Reißverschlussfach oben: 47 cm x 6,5 cm
- 1 x Reißverschlussfach unten: 47 cm x 15 cm
- 1 x Reißverschlussfach Rückseite: 47 cm x 20,5 cm
- 2 x Steckfach mit Kellerfalte: 25 cm x 17 cm
- 1 x unteres Steckfach: 47 cm x 22 cm

Aus Oberstoff 2

- 1 x Reißverschlussfach Rückseite: 47 cm x 20,5 cm
- 2 x Reißverschluss-Endstücke: 6 cm x 2,5 cm
- 1 x Reißverschluss-Endstück: 11 cm x 2,5 cm
- 2 x Steckfach mit Kellerfalte: 25 cm x 17 cm

Aus Oberstoff 3

- 2 x Grundfläche: 47 cm x 62 cm

Aus Vlieseline H200

- 1 x Reißverschlussfach oben: 47 cm x 6,5 cm
- 1 x Reißverschlussfach unten: 47 cm x 15 cm
- 1 x Reißverschlussfach Rückseite: 47 cm x 20,5 cm
- 2 x Steckfach mit Kellerfalte: 25 cm x 17 cm
- 1 x unteres Steckfach: 47 cm x 22 cm

Aus Vlieseline H250

- 1 x Grundfläche: 47 cm x 62 cm

Aus Decovil I Light (optional)

- 1 x Grundfläche: 44 x 59 cm

Weiter gehts →

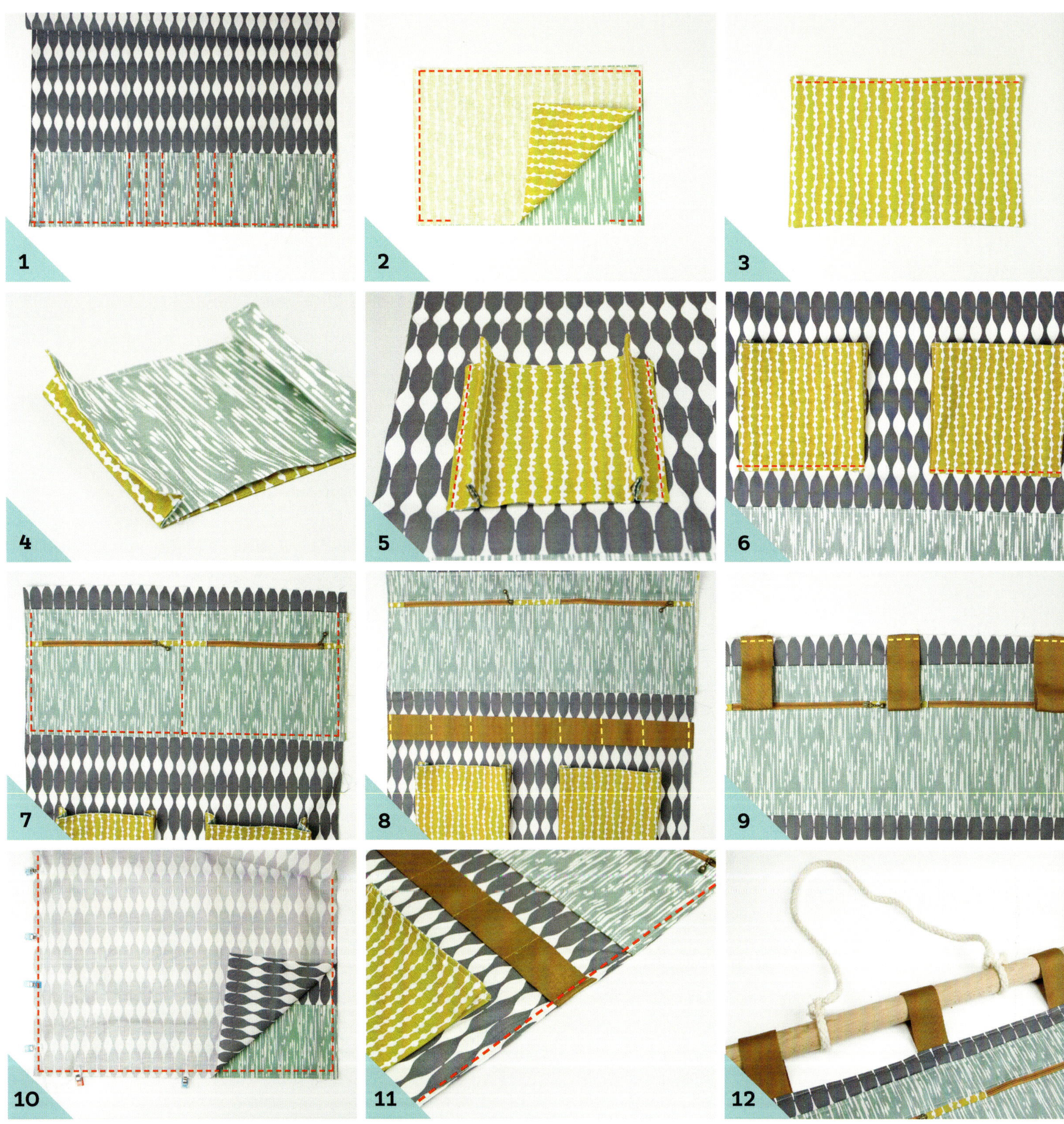
1
2
3
4
5
6
7
8
9
10
11
12

ANLEITUNG

Bringe die Vlieseline laut Herstellerangaben an den entsprechenden Schnittteilen an. Das Schnittteil „Grundfläche" aus Vlieseline H250 bringst du auf der linken Stoffseite des Grundteils an, auf das die Fächer und Taschen aufgenäht werden. Bereite das Steckfach mit integrierten Reißverschlussfächern, siehe Seite 21, und das untere Steckfach, siehe Seite 19, vor.

Unteres Steckfach anbringen

1. Lege das Schnittteil für das untere Steckfach links auf links zusammen, bügle die obere Bruchkante und steppe sie knappkantig ab. Fixiere das Steckfach am unteren Rand der mit Vlieseline H250 verstärkten Grundfläche und nähe es links, rechts und unten knappkantig fest. Nähe vertikale Unterteilungen im Abstand von 15 cm – 17,5 cm – 20 cm – 25,5 cm – 28 cm – 30,5 cm von der linken Seite des Grundteils ausgehend. Natürlich kannst du die Unterteilungen auch nach deinen eigenen Vorstellungen nähen.

Steckfächer mit Kellerfalte nähen und anbringen

2. Lege jeweils ein Schnittteil „Steckfach mit Kellerfalte" aus Oberstoff 1 und Oberstoff 2 rechts auf rechts zusammen und nähe sie bis auf eine Wendeöffnung an der Unterseite zusammen.

3. Schräge die Ecken der Nahtzugaben bis kurz vor die Naht ab, wende die Fächer, forme die Ecken aus und bügle alle Kanten sowie die Nahtzugaben der Wendeöffnungen nach innen. Die obere Kante knappkantig absteppen. Die Seite aus Oberstoff 2 ist bei den Steckfächern mit Kellerfalte die Vorderseite.

4. Falte nun die Seiten jeweils 4 cm zur linken Fachseite aus Oberstoff 1 um und dann noch einmal 2 cm zurück, sodass ein Zickzack-Falz entsteht. Kanten bügeln.

5. Fixiere dir die Steckfächer links auf rechts jeweils 5 cm von der linken bzw. rechten Kante und 4 cm von der Oberkante des unteren Steckfachs entfernt auf dem Grundteil. Sehr gut funktioniert das mit Hilfe von Wondertape. Klebe hierfür jeweils einen Streifen auf die Flächen des Zickzack-Falzes. Die Seite mit der Wendeöffnung liegt unten. Klappe die Falze der Seiten nach oben, damit du die Seiten der Fächer knappkantig annähen kannst.

6. Klappe die Falze nun zurück und nähe noch die unteren Kanten der Steckfächer knappkantig am Grundteil fest. Damit wird auch gleichzeitig die Wendeöffnung verschlossen.

7. Nähe nun knappkantig und 3 cm von der oberen Kante das Steckfach mit integrierten Reißverschlussfächern (siehe S. 21) auf das Grundteil. Die obere Kante bleibt ungenäht. Setze mittig noch eine Teilungsnaht.

8. Nun nähst du noch mittig zwischen dem Steckfach mit integrierten Reißverschlussfächern und den Steckfächern mit Kellerfalten das 47 cm lange Gurtband an den kurzen Seiten knappkantig auf. Nähe hier wieder Unterteilungen im Abstand von 7 cm – 13 cm – 19 cm – 25 cm – 31 cm – 37 cm von der linken Seite des Grundteils ausgehend.

9. Schneide das restliche Gurtband in 18 cm lange Stücke und lege diese jeweils zu einer Schlaufe zusammen. Stecke sie in regelmäßigen Abständen an die obere Kante des Grundteils. Die mittlere Schlaufe liegt mittig auf dem Grundteil, die offenen Kanten aller Schlaufen zeigen nach oben. Nähe die Schlaufen knappkantig fest.

10. Fixiere das zweite Grundteil rechts auf rechts auf dem ersten und nähe es bis auf eine ausreichend große Wendeöffnung an der unteren Kante zusammen. Schräge die Ecken ab und wende das Wand-Utensilo. Ecken ausformen und Kanten bügeln. Wenn dein Utensilo eine hohe Festigkeit haben soll, kannst du nun noch den Zuschnitt aus Decovil I Light durch die Wendeöffnung ins Innere schieben. Die Klebeseite zeigt zur Rückseite des Utensilos. Schlage die rückwärtige Nahtzugabe der Wendeöffnung um das Decovil herum, damit sie nicht an der Klebeseite fixiert wird. Klappe die zweite Nahtzugabe ebenfalls nach innen. Bügle das Utensilo von der Rückseite aus, damit die Verstärkung aus Decovil I Light fixiert wird.

11. Steppe alle Seiten noch einmal knappkantig ab.

12. Schiebe das Rundholz durch die Schlaufen an der Oberseite und fixiere die Kordel zwischen den Schlaufen mit jeweils einem doppelten Knoten. Für besonders viel Stabilität kannst du in den Knoten auch noch einen Tropfen Textilkleber geben.

GLOSSAR

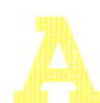

ABSTEPPEN

Eine Naht oder Kante wird abgesteppt, um diese zu stabilisieren oder zu verzieren. Dabei wird meist schmalkantig gesteppt, d. h. das Nähfüßchen läuft ca. 2 mm neben der Naht oder Kante. Üblich ist eine Reihe von Geradstichen, die in kontrastfarbigem Garn (Knopfloch-, Ziersteppgarn) mit Zwillings- oder Drillingsnadeln ausgeführt noch effektvoller gestaltet werden können.

BÜGELN

Das Bügeln ist ein wichtiger, immer wieder auszuführender Bestandteil des Nähens. Der Stoff sollte zunächst vor dem Zuschneiden gebügelt werden, damit er faltenfrei auf der Arbeitsfläche ausgebreitet werden kann. Außerdem sollte jede genähte Naht von links auseinandergebügelt werden. Die Bügeltemperatur richtet sich nach dem Material. Wollstoffe, synthetische Stoffe oder Stoffe mit Elasthananteil sollten beim Bügeln immer mit einem feuchten Tuch geschützt werden. Leinen und Baumwolle können sehr heiß gebügelt werden, Seide bei mittlerer Temperatureinstellung.

BÜGELVLIES

Vlies, das zwischen zwei Stofflagen gelegt wird und durch heißes Bügeln diese miteinander verklebt bzw. verbindet.

DURCHPAUSEN

Methode zum Kopieren eines Schnittmusters aus einem Schnittbogen mit mehreren Schnitten (meist in Zeitschriften). Man bügelt zunächst den Schnittbogen glatt, legt dann Seidenpapier darüber und zeichnet die einzelnen Konturen der Schnittteile mit einem dünnen Stift nach. Dabei müssen auch alle Einsatzzeichen und alle weiteren Markierungen mit übertragen werden.

DURCHZIEHNADEL

Dicke Nadel mit stumpfem Ende und großem Öhr, die zum Durchziehen von Kordeln oder Gummibändern durch Tunnelzüge hilfreich ist.

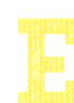

EINFASSEN

Methode zum Versäubern oder/und Verstärken von Säumen und Kanten. Dabei wird ein Band oder ein Schrägstreifen bündig über den Saum oder die Kante gesetzt. Man kann eigens dafür im Fachhandel erhältliche Bänder oder zugeschnittene Stoffstreifen verwenden.

EINLAGE

In verschiedenen Stärken und Qualitäten erhältliche Materialien, die zwischen Oberstoff und Beleg gefasst werden, um dem Kleidungsstück (z. B. am Kragen, Bündchen oder den Manschetten) mehr Festigkeit und Formstabilität zu geben.

EINSCHNITT

An Spitzen und Rundungen werden die Nahtzugaben keilförmig eingeschnitten, damit sich die Nähte dem Körper besser anpassen. Mit kleinen Einschnitten in die Nahtzugaben können auch Markierungen vom Schnittmuster auf die Stoffbahnen übertragen werden.

FADENSPANNUNG

Damit Ober- und Unterfaden gleichmäßig über den Stoff gezogen werden, lässt sich bei jeder Nähmaschine die Oberfadenspannung regulieren.

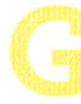

GARNROLLENHALTER

Dorn auf der Nähmaschine, auf den die Garnrolle gesetzt wird und von dem das Garn dann durch die Führungshaken zur Nadel gezogen wird.

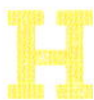

HANDSTICHE

Mit der Hand genähte Stiche.

HEFTEN

Beim Heften werden einzelne Schnittteile mit großen Hand- oder Maschinenstichen provisorisch zusammengesetzt, um zu setzende Nähte vorab zu prüfen.

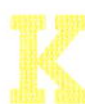

KNOPF

Meistgebrauchte, langlebige Verschlussart von Kleidungsstücken. Knöpfe sind oft Ausdrucksmittel von Mode und werden auch als reine Zierde aufgenäht. Knöpfe sind in vielen verschiedenen Formen und aus unterschiedlichen Materialien wie z. B. Porzellan, Holz, Steinnuss, Leder, Horn, Metall, Perlmutt oder Kunststoff erhältlich.

KOPIEREN

Methode zum Übertragen von auf dem Schnittmuster eingezeichneten Markierungen auf den Stoff. Dafür wird das im Fachhandel erhältliche Kopierpapier unter das Schnittmuster gelegt und mithilfe des Kopierrädchens die Linien auf den Stoff durchgedrückt bzw. „kopiert".

KOPIERRÄDCHEN

Hilfsmittel zum Kopieren von Markierungen auf den Stoff.

KURZWAREN

Sammelbegriff für alle Zutaten (außer Stoff), die zum Nähen benötigt werden, wie z. B. Garne, Verschlüsse, Bänder, dekorative Elemente usw.

LINKE STOFFSEITE

Mit der linken Stoffseite bezeichnet man immer die Seite des Stoffs, die bei einem Kleidungsstück innen liegen soll. Auf die linke Stoffseite werden auch alle Markierungen des Schnittmusters übertragen.

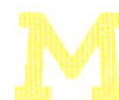

MASCHINEN-HEFTEN

Stoffteile werden mit großen Steppstichen mit der Nähmaschine provisorisch zusammengenäht.

MASCHINENSTICHE

Je nach Nähmaschine können verschiedene Stiche eingestellt werden. Die üblichsten, da am häufigsten gebraucht, sind der Stepp- oder Geradstich, der Zickzackstich zum Versäubern der einzelnen Schnittteile, der Elastikstich und der Blindstich, mit dem Säume unsichtbar genäht werden können.

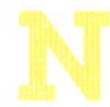

NÄHFÜSSCHEN

Teil der Nähmaschine, das den Stoff hält und weiterführt. Es gibt verschiedene Füßchen, die je nach Naht ausgetauscht werden können (z. B. Blindstichfuß, Knopflochfuß, Reißverschlussfuß usw.)

NAHTREISSVERSCHLUSS (REISSER)

Spezieller Reißverschluss, der nicht sichtbar in eine (Teilungs)naht des Kleidungsstücks gesetzt werden kann.

NAHTSCHATTEN

Im Nahtschatten werden oft Belege oder Bundteile fixiert. Dafür wird genau in der vorhergehenden Ansatznaht z. B. ein Beleg oder Innenbund festgesteppt.

NAHTZUGABE

Die Nahtzugabe ist der Abstand zwischen der Nahtlinie und der Schnittkante. Die Nahtzugabe ist entweder auf dem Schnittmuster eingezeichnet oder muss beim Zuschneiden noch dazugegeben werden.

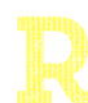

RECHTE STOFFSEITE

Die rechte Stoffseite ist die außen liegende und, falls vorhanden, die mit der Musterung versehene.

REISSVERSCHLUSS

Verschluss, den es in verschiedenen Größen, Materialien (Kunststoff, Metall) und Ausführungen gibt (teilbar, verdeckt, Nahtreißverschluss etc.). Durch das Aneinanderfügen von kleinen Zähnchen mithilfe einer Schiene schließt er Stoffkanten.

REISSVERSCHLUSSFUSS

Besonderer Nähfuß, der das Einnähen von Reißverschlüssen erleichtert.

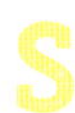

SCHAFT

Kleiner Steg zwischen Knopf und Stoff, der entweder schon am Knopf angebracht ist oder selbst aus Garn hergestellt werden kann. Vor allem bei dickeren Stoffen lassen sich damit Knöpfe besser annähen. Ein Eindrücken in den Stoff wird somit verhindert.

SCHERE

Hilfsmittel zum Zuschneiden der Stoffe. Eine große, scharfe Schere ist beim Nähen unerlässlich. Außerdem ist eine Papierschere zum Ausschneiden der Schnittmuster notwendig sowie eine kleine, sehr scharfe Schere zum Aufschneiden von z. B. Knopflöchern (hier eignet sich noch besser ein Trennmesser). Zum Zuschneiden von wenig ausfransenden

Stoffen oder Futterstoffen eignet sich besonders gut eine Zackenschere, da so zugeschnitten die Stoffteile nicht versäubert werden müssen.

SCHNEIDEMATTE
Matte aus flexiblem Kunststoff mit aufgezeichnetem Raster. Sie schützt zum einen die Arbeitsfläche und hilft zum anderen beim Ausmessen von Schnittteilen.

SCHNEIDER-KOPIERPAPIER
Im Fachhandel erhältliches Kopierpapier, mit dem Markierungen des Schnittmusters einfach auf den Stoff zu übertragen sind. Die mithilfe eines Kopierrädchens kopierten Anleitungen sind zwar während des Nähvorgangs haltbar, aber mit Wasser leicht aus den Textilien zu entfernen.

SCHNEIDERKREIDE
Kreidestück zum Ein- oder Nachzeichnen von Markierungen auf den Stoffteilen. Sie ist leicht auszubürsten.

SCHNITTKANTE
Ganz außen liegende Kante eines Schnittteils.

SCHNITTTEILE
Ein Schnittmuster besteht aus verschiedenen Schnittteilen, die – aus Stoff zugeschnitten und dann zusammengesetzt – das fertige Stück ergeben.

SCHRÄGBAND (SCHRÄGSTREIFEN)
Im Fachhandel erhältliches, schräg zugeschnittenes Band, das zum Einfassen von Kanten verwendet wird

SPULE
Rolle zum Aufwickeln des Unterfadens, die dann in das Gehäuse der Nähmaschine gesetzt wird.

STEPPEN
Gerade nähen.

STEPPFUSS
Nähfuß, der zum Steppen (Aneinandernähen) von Stoffteilen verwendet wird.

STOFFBRUCH
Umbruchlinie (Faltkante) des Stoffs. Soll ein Schnittteil im (Stoff-) Bruch zugeschnitten werden, muss das Schnittmuster exakt an die Bruchlinie des Stoffs angelegt werden.

TEXTILSTIFT
Eine Art Filzstift, mit dem Markierungen auf den Stoff übertragen werden können. Die Einzeichnungen sind meist auswaschbar oder verschwinden nach einiger Zeit von selbst.

TUNNEL
Doppelt liegender, abgesteppter Bereich zum Durchziehen einer Kordel oder eines Gummibands.

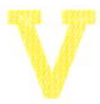

VERSÄUBERN
Erster Schritt nach dem Zuschneiden der einzelnen Stoffteile. Dabei werden diese mit einem groß eingestellten Zickzackstich direkt an der Schnittkante „umzackelt". Ein Ausfransen des Stoffs wird somit verhindert.

VERSTÜRZEN
Technik, mit der zwei Stoffkanten so zusammengenäht und gewendet werden, dass die Nahtzugaben zwischen den Kanten liegen und nicht mehr sichtbar sind.

VLIESELINE
Einlage zur Formgebung von bestimmten Teilen eines Kleidungsstücks. Vlieseline ist in verschiedenen Stärken und Farben im Fachhandel erhältlich und wird meist auf den zu verstärkenden Stoff aufgebügelt.

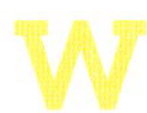

WEBKANTE
Seitliche Abschlusskanten des Stoffs. Können nicht ausfransen.

WENDEN
Technik zum Nähen von Ecken. Die Nadel wird im Eckpunkt eingestochen, dann wird der Nähfuß angehoben, der Stoff in die gewünschte Position gebracht, das Füßchen wieder gesenkt und weitergenäht.

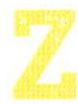

ZACKENSCHERE
Schere mit gezackten Klingen, die sich gut zum Zuschneiden von nur wenig ausfransenden Stoffen eignet.

NOCH MEHR SCHÖNE BÜCHER

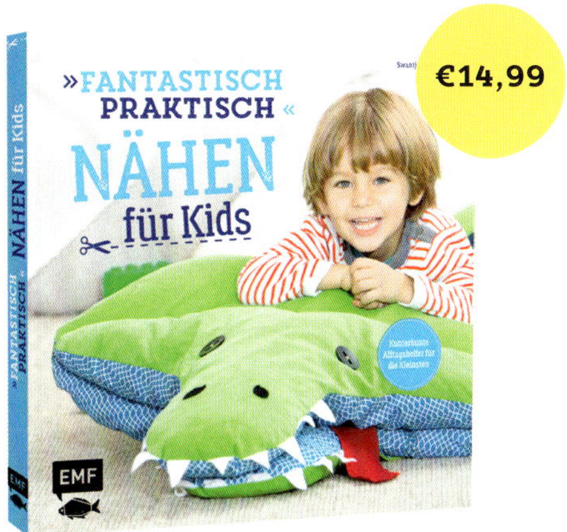

FANTASTISCH PRAKTISCH – NÄHEN FÜR KIDS
Kunterbunte Alltagshelfer für die Kleinsten

ISBN 978-3-86355-708-9
120 Seiten

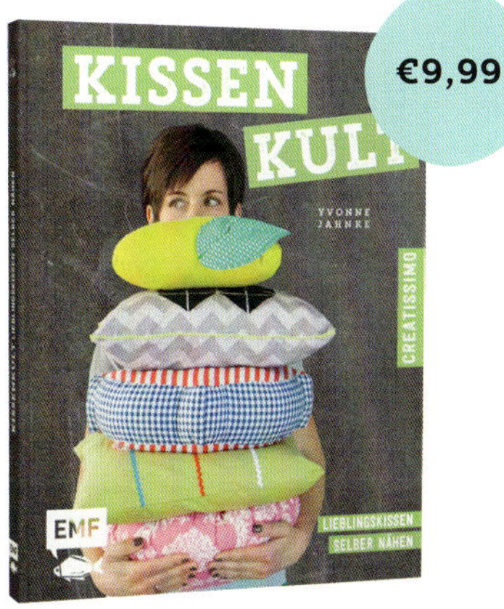

KISSENKULT
Lieblingskissen nähen

ISBN 978-3-86355-831-4
48 Seiten

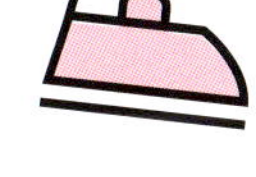

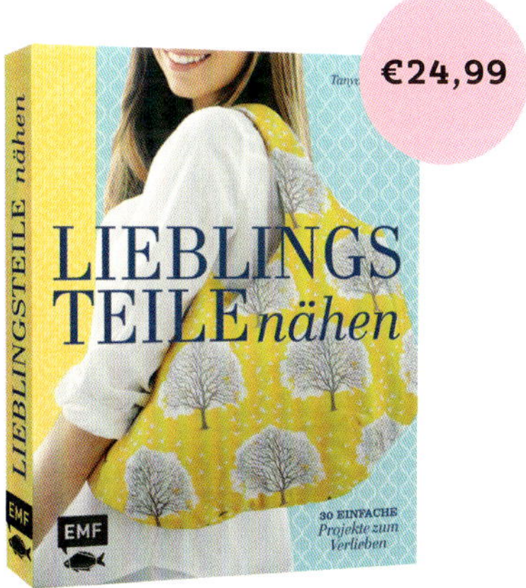

LIEBLINGSTEILE NÄHEN
30 einfache Projekte zum Verlieben

ISBN 978-3-86355-828-4
152 Seiten

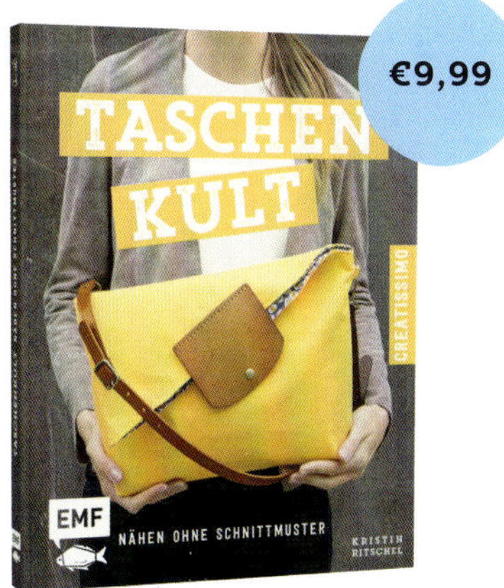

TASCHENKULT
Nähen ohne Schnittmuster

ISBN 978-3-86355-703-4
64 Seiten

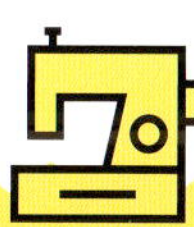

ÜBER DIE AUTORIN

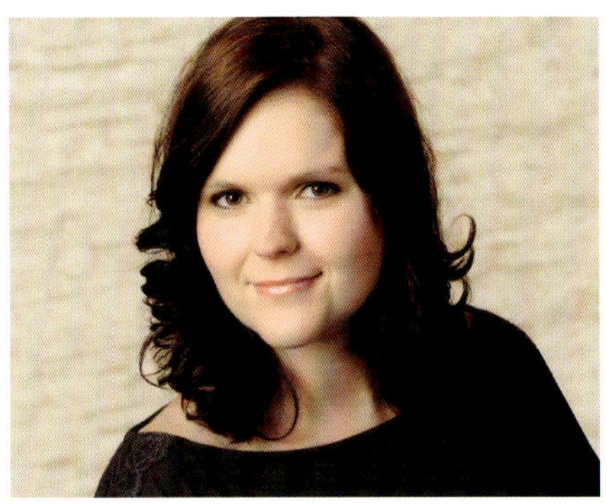

Ich bin Claudia Günther und lebe mit meinem Freund und zwei Katzen in Dresden. Dort arbeite ich als freie Grafikdesignerin, Bloggerin, Autorin und Schnittmusterdesignerin.

Auf meinem Blog „Frau Fadenschein" (fraufadenschein.de) dreht sich alles ums Selbermachen. Ich teile dort genähte Projekte, Schnittmuster, Rezepte, Gehäkeltes, inspirierende Bücher und allerlei DIY-Projekte.

In all meinen Rubriken erstelle ich für einzelne Projekte auch detaillierte Anleitungen zum Nacharbeiten und zur Inspiration für meine Leser. Außerdem veröffentliche ich sowohl für „Frau Fadenschein" sowie für „Kreativlabor Berlin" eigene Nähanleitungen & Schnittmuster. Bei Fragen rund um die Anleitungen stehe ich gern per Mail unter mail@fraufadenschein.de mit Rat und Tat zur Seite.

DANKSAGUNG

Ein Buch ist ein Projekt, in das man viel Arbeit, Herzblut und Zeit hineinsteckt. Umso dankbarer bin ich, dass ich mit so vielen tollen Partnern zusammenarbeiten darf! Ich bedanke mich ganz herzlich bei meinen tollen Sponsoren: Alles für Selbermacher für wunderschöne Stoffe, Snaply für geniale Materialien wie SnapPap, ReLeda, Kunstleder und tolles Taschenzubehör, Stoff und Stil für wunderbare Stoffe im skandinavischen Stil und Prym für das tolle Sortiment an Kurzwaren.

Wieder geht ein besonderer Dank an meinen Freund, der mein kreatives Chaos erträgt, und meine Familie, die immer ein offenes Ohr hat und mich immer unterstützt.

Ein großes Dankeschön geht auch an die Edition Michael Fischer, die es mir ermöglichte, mein zweites Nähbuch zu veröffentlichen und ihr Vertrauen in meine Projekte, im Besonderen an meine Lektorin Heike Fröhlich, die mir mit Rat und Tat zu Seite stand.

Und natürlich bedanke ich mich herzlichst bei meinen Lesern. Ich freue mich sehr über eure Nachrichten mit Bildern eurer Werke nach meinen Anleitungen. Das bestärkt mich immer wieder in meinem Tun!

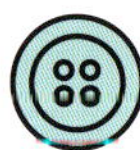

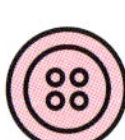

VON DER GLEICHEN AUTORIN

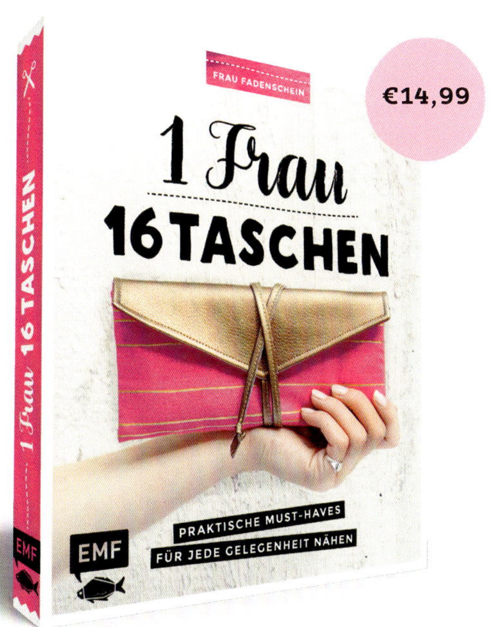

1 FRAU – 16 TASCHEN
Praktische Must-Haves für jede Gelegenheit

ISBN 978-3-86355-683-9
128 Seiten

Ob elegante Umhängetaschen, praktischer Rucksack, lässige Yoga-Tasche oder auch die modische Clutch – hier findet jeder seine neue Lieblingstasche zum Selbernähen.

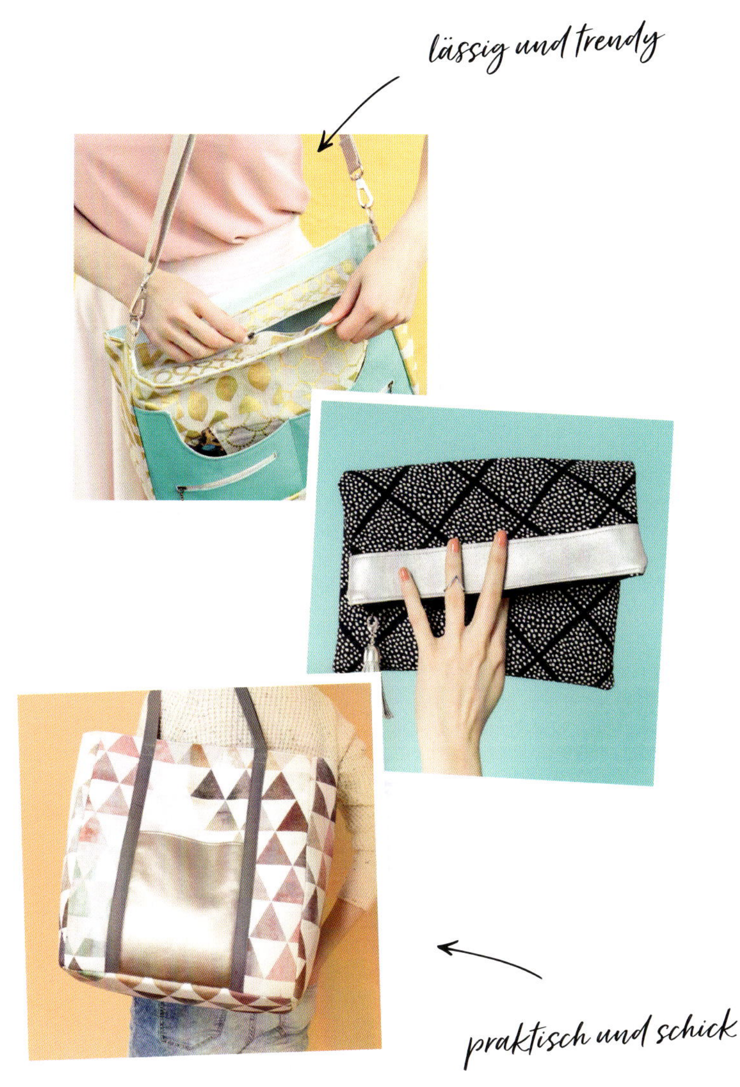

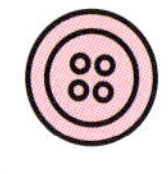
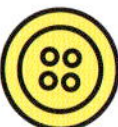

IMPRESSUM

Bibliografische Information der Deutschen Bibliothek.

Die Deutsche Bibliothek verzeichnet diese Publikation in der deutschen Nationalbibliografie.

Detaillierte bibliografische Daten sind im Internet über http://www.dnb.de/ abrufbar.

EIN BUCH DER EDITION MICHAEL FISCHER

1. Auflage 2017

Covergestaltung: Verena Raith
Produktmanagement: Heike Fröhlich
Lektorat: Petra Niethammer, Ludwigsburg
Layout: Verena Raith

Bildnachweis: © Elisabeth Berkau, Unterhaching: 2, 4, 34, 36 links, 38 links, 40 links, 42 links, 44 links, 46 links, 50, 54, 58, 62, 66, 70
© Patrick Wittmann, München: 6
© Verlag: 8, ganz links
alle anderen © Claudia Günther

ISBN 978-3-86355-776-8

Printed in Slovakia

www.emf-verlag.de

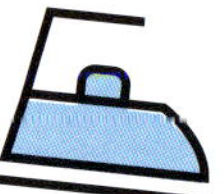
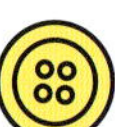

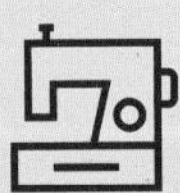